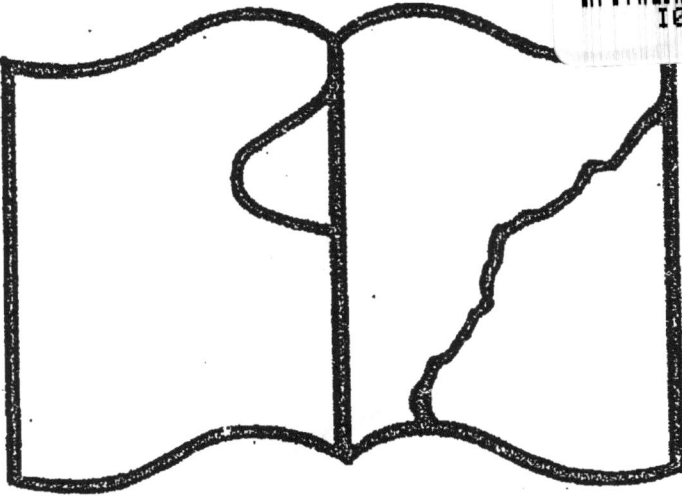

COUVERTURES SUPERIEURE ET INFERIEURE
DETERIOREES

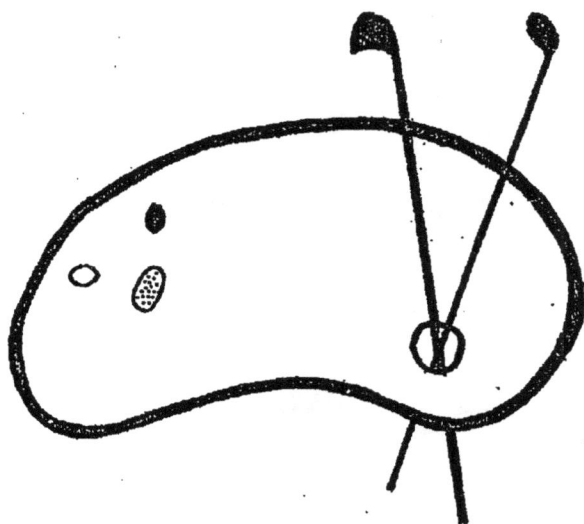

DEBUT D'UNE SERIE DE DOCUMENTS
EN COULEUR

IENCE ET RELIGION _ 35

Études pour le temps présent.

L'HYPNOTISME FRANC

ET

L'HYPNOTISME VRAI

PAR

le Docteur Ch. HÉLOT

Auteur de *Névroses et Possessions diaboliques.*

PRO DEO ET PATRIA

-PARIS

LIBRAIRIE BLOUD ET BARRAL

4, RUE MADAME ET RUE DE RENNES, 59°

—

1898

SCIENCE ET RELIGION

Études pour le temps présent

Collection de vol. in-12 de 64 pages *compactes*.

Prix : O fr. 60 le vol.

Les lecteurs curieux de grandes vérités de la foi déploraient l'absei
de vulgarisation de science religieuse. LES ÉTUDES POUR LE TEM
PRÉSENT répondent donc à un désir et comblent une lacune. Ainsi
ont jugé unanimement les Revues et les journaux les plus importants
la presse catholique. De ces nombreux et si flatteurs témoignages nous
citerons que le suivant, extrait du journal l'*Univers*, dû à la plume d
juge des plus compétents, M. LOUIS ROBERT :

« Aujourd'hui, en notre siècle de vapeur, d'électricité, on veut sav
« tout et lire peu, toute la vie est pleine et fiévreuse ! C'est ce qui explic
« la vogue de la Revue et du Journal. Cependant ces deux organes de
« pensée moderne sont insuffisants pour embrasser une question dans
« complexité de ses aspects. Le livre est toujours nécessaire ; mais ne
« pensons, à part les moines et le clergé des campagnes, que le respecta
« in-4° et le majestueux in-folio ont fait leur temps pour le grand publ
« Il fallait donc condenser en un volume de poche les questions qui to
« mentent l'âme contemporaine. C'est ce que certains éditeurs ont t
« heureusement compris, notamment MM. Bloud et Barral, dont les é
« tions ont déjà tant rendu de services signalés à la cause religieuse.

« Sous le titre de *Science et Religion*, collection de volumes in-12
« 64 p. compactes, ils ont entrepris, avec un plein succès, de démont
« par des plumes des plus autorisées « *l'accord entre les résultats de*
« *science moderne et les affirmations de la foi.* » Chaque sujet est tr
« té, non plus d'après la méthode apologétique, qui actuellement est s
« pecte aux incrédules, même aux indifférents. C'est avec la plus rigoure
« méthode scientifique — mais mise à la portée de tous les esprits quel
« peu cultivés — que sont exposées les *Nouvelles Études philosophiqu*
« *scientifiques et religieuses* de cette opportune et très intéressante c
« lection.

« Le nom de l'auteur de chacune d'elles est une recommandation. »

(Journal l'*Univers*.)

Voici une seconde liste des ouvrages parus ou à paraître incessammen

— L'Apologétique historique au XIX° siècle. — La Critique in
ligieuse de Renan. (*Les précurseurs — La vie de Jésus — Les adve
saires — Les résultats*) par l'abbé Ch. DENIS, directeur des *Anna
de philosophie chrétienne.*
1 v

— Nature et Histoire de la liberté de conscience, par M. l'ab
CANET, docteur en philosophie et ès-lettres de l'Université de Louva
ancien professeur de théologie dogmatique au grand séminaire de Ly°
1 v

— **L'Animal raisonnable et l'Animal tout court,** *étude de psychologie comparée,* par C. DE KIRWAN. 1 vol.

— **La Conception catholique de l'Enfer,** par M. BRÉMOND, docteur en théologie, professeur de dogme au grand séminaire de Digne. 1 vol.

— **L'Eglise russe,** par J.-L. GONDAL, professeur d'apologétique et d'histoire au grand séminaire Saint-Sulpice. 1 vol.

— **La Fausse Science contemporaine et les Mystères d'Outre-tombe,** par le R. P. Th. ORTOLAN, O. M. I. 1 vol.

— *Du même auteur :* **Vie et Matière** ou **Matérialisme et Spiritualisme en présence de la Cristallogénie.** 1 vol.

— *Du même auteur :* **Matérialistes et Musiciens.** 1 vol.

— **Le Mal,** sa nature, son origine, sa réparation. *Aperçu philosophique et religieux,* par l'abbé M. CONSTANT, docteur en théologie, lauréat de l'Institut catholique de Paris. 1 vol.

— **Dieu auteur de la vie,** par M. l'abbé THOMAS, vicaire général de Verdun. 1 vol.

— *Du même auteur :* **La Fin du monde d'après la foi et la science.** 1 vol.

— **L'Attitude du catholique devant la Science,** par G. FONSEGRIVE, directeur de la *Quinzaine.* 1 vol.

— *Du même auteur :* **Le Catholicisme et la Religion de l'Esprit.** 1 vol.

— **Du Doute à la Foi,** le besoin, les raisons, les moyens, les devoirs, la possibilité de croire, par le R. P. TOURNEBIZE. S. J. 1 vol.

— **La Synagogue moderne,** sa doctrine et son culte, par A. F. SAUBIN. 1 vol.

— **Evolution et Immutabilité de la doctrine religieuse dans l'Eglise,** par M. PRUNIER, supérieur du gr. séminaire de Séez. 1 vol.

— **La Religion spirite,** son dogme, sa morale et ses pratiques, par I. BERTRAND. 1 vol.

— **L'Hypnotisme franc et l'Hypnotisme vrai,** par le docteur HÉLOT, auteur de *Névroses* et *Possessions diaboliques.* 1 vol.

— **Convenance scientifique de l'Incarnation,** par Pierre COURBET, ancien élève de l'Ecole polytechnique. 1 vol.

— **L'Eglise et le Travail manuel,** par M. l'abbé SABATIER du clergé de Paris, docteur en droit canon. 1 vol.

— **L'Inquisition,** son rôle religieux, politique et social, par G. ROMAIN, auteur de : *L'Eglise et la Liberté.* 1 vol.

— **Unité de l'espèce humaine** *prouvée par la Similarité des conceptions et des créations de l'homme,* par le marquis de NADAILLAC. 1 vol.

— **Le Socialisme contemporain et la Propriété.** — *Aperçu historique,* par M. Gabriel ARDANT auteur de la *Question agraire.* 1 vol.

— **Pourquoi le Roman immoral est-il à la mode et pourquoi le Roman moral n'est-il pas à la mode ?** *Etude sociale et littéraire,* par G. d'AZAMBUJA. 1 vol.

Ouvrages précédemment parus.

— **Certitudes scientifiques et Certitudes philosophiques**, par le
R. P. DE LA BARRE S. J. professeur à l'Institut catholique de Paris. **1 vol**

— **L'Ame de l'homme**, par J. GUIBERT, supérieur du séminaire de
l'Institut catholique de Paris. **1 vol**

— **Faut-il une religion ?** par M. l'abbé GUYOT, ancien professeur
de théologie. **1 vol**

— *Du même auteur :* **Pourquoi y a-t-il des hommes qui ne professent aucune religion ?** **1 vol**

— **Nécessité scientifique de l'existence de Dieu**, par P. COURBET,
ancien élève de l'Ecole polytechnique. 2ᵉ édition. **1 vol**

— *Du même auteur :* **Jésus-Christ est Dieu.** 2ᵉ édition. **1 vol**

— **Etudes sur la Pluralité des mondes habités et le dogme de
l'Incarnation**, par le R. P. ORTOLAN, docteur en théologie et en droit
canonique, lauréat de l'Institut catholique de Paris, membre de l'académie de Saint Raymond de Pennafort. **3 vol**

I. — *L'Epanouissement de la vie organique à travers les plaines de
l'infini.* **1 vol**
II. — *Soleils et terres célestes.* **1 vol**
III.— *Les Humanités astrales et l'Incarnation.* **1 vol**
Chaque vol. se vend séparément.

— **L'Au-delà ou la Vie future d'après la foi et la science**, par
M. l'abbé J. LAXENAIRE, docteur en théologie, et en droit canon, et de
l'académie de Saint Thomas d'Aquin, professeur au grand séminaire de
Saint-Dié. **1 vol**

— **Le Mystère de l'Eucharistie. — Aperçu scientifique**, par
M. l'abbé CONSTANT, docteur en théologie, lauréat de l'Institut catholique
de Paris. 2ᵉ édition. **1 vol**

— **L'Eglise catholique et les Protestants**, par G. ROMAIN auteur
de : *L'Eglise et la Liberté* et *Le Moyen Age fut-il une époque de ténèbres
et de servitude ?* **1 vol**

— **Mahomet et son œuvre**, par I. L. GONDAL, professeur d'apologétique et d'histoire au séminaire Saint-Sulpice. **1 vol**

— **Christianisme et Bouddhisme**, (*Etudes orientales*) par M. l'abbé
THOMAS, vicaire général de Verdun. 2ᵉ édition. **2 vol**
Première partie : *Le Bouddhisme.*
Deuxième partie : *Le Bouddhisme dans ses rapports avec le christianisme. — Ascétisme oriental et ascétisme chrétien.*

— **Où en est l'Hypnotisme**, son histoire, sa nature et ses dangers
par A. JEANNIARD DU DOT, auteur du *Spiritisme dévoilé.* 2ᵉ édit. **1 vol**

— *Du même auteur :* **Où en est le Spiritisme**, sa nature et ses
dangers. 2ᵉ édition. **1 vol**

Ouvrages en préparation :

— **Les Lois de la nature et le Miracle**, par le R. P. DE LA BARRE
S. J. professeur à l'Institut catholique de Paris. **1 vol**

— **Des Divergences dogmatiques et disciplinaires entre les
Eglises orientales et l'Eglise catholique**, par le R. P. TOURNEBIZE, S. J. **1 vol**

— **L'Homme et le Singe**, par M. le marquis de NADAILLAC. **1 vol**

— **Les Causes et la Suite de la Conversion de Saint Paul**, par
M. LÉVESQUE, professeur d'Ecriture Sainte au séminaire St-Sulpice.

Paris. — J. Mersch, imp., 46 bis, Av. de Châtillon

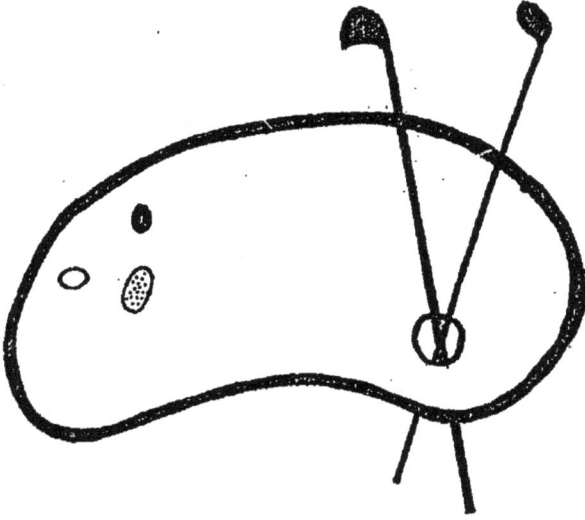

FIN D'UNE SERIE DE DOCUMENTS
EN COULEUR

SCIENCE ET RELIGION

Études pour le temps présent.

L'HYPNOTISME FRANC

ET

L'HYPNOTISME VRAI

PAR

le Docteur Ch. HÉLOT

Auteur de *Névroses et Possessions diaboliques.*

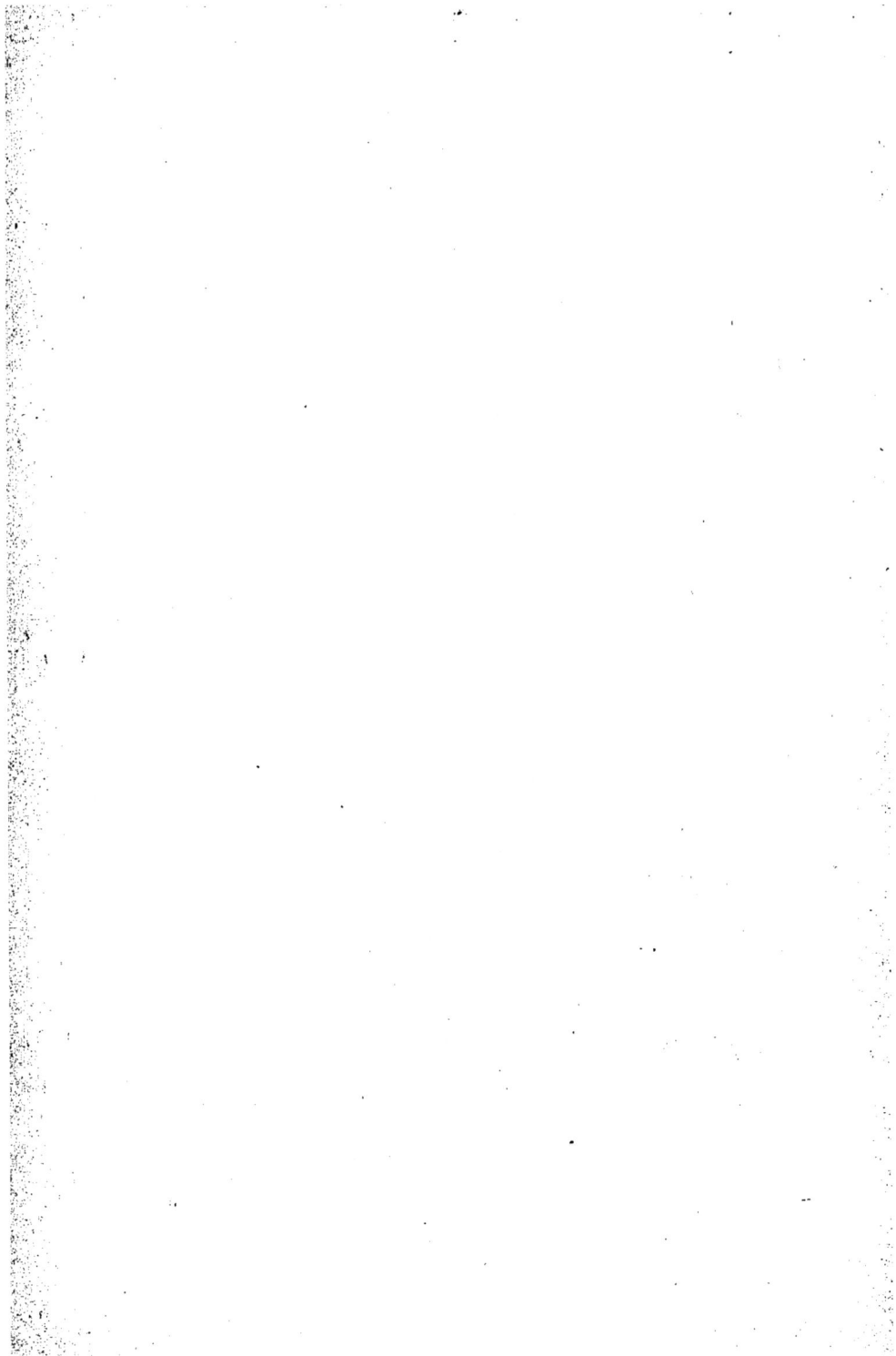

L'HYPNOTISME FRANC

ET

L'HYPNOTISME VRAI

L'hypnotisme est-il un état normal ou anormal?
Est-il en soi bon et utile, indifférent, ou franche-
ment mauvais?

Est-il ou n'est-il pas diabolique?

C'est autour de ces trois questions que s'est con-
centré dans ces derniers temps le combat, non
seulement entre les défenseurs et les adversaires du
surnaturel, mais aussi entre catholiques qui, des
deux côtés, se disent absolument soumis aux décisions
de l'Église.

Dans un précédent ouvrage (1), tout en formulant
les réserves nécessaires en pareille matière, je n'ai
nullement caché mes préférences pour l'opinion que,
dans la généralité de ses phénomènes, l'hypnose
était diabolique.

---

1. *Névroses et Possessions diaboliques*, un vol. in-8° de 550 pages.
*Ouvrage approuvé par S. Ém. le cardinal Sourrieu, archevêque de
Rouen.* Chez Bloud et Barral, éditeurs, 4, rue Madame, Paris. Prix,
6 francs.

D'assez nombreux lecteurs m'en ont félicité, surtout parmi les exorcistes de profession et les directeurs d'âmes, plus spécialement familiarisés avec les mœurs des esprits infernaux. Si l'on peut contester la compétence de quelques-uns de ces appréciateurs dans les sciences naturelles, on ne saurait nier leur expérience pratique et leur connaissance approfondie des maladies de l'âme et de la conscience.

D'autres, généralement des confrères, m'ont trouvé trop affirmatif et m'eussent souhaité plus de prudence et de réserve.

Il est certain que parmi les partisans de l'hypnotisme se trouvent des hommes absolument sincères et de bonne foi, des savants, des médecins, des religieux, des philosophes, des moralistes très au courant des choses qu'ils entreprennent de juger et très capables de les apprécier à tous les points de vue. Plusieurs ont apporté dans le débat des faits nouveaux très importants. Il est indispensable de reprendre la question.

Deux hommes se sont particulièrement signalés dans la lutte : avec les adversaires déclarés de l'hypnotisme, le R. P. Franco, de la Compagnie de Jésus (1); avec les défenseurs les plus convaincus et les plus savants, le R. P. Coconnier, dominicain, professeur de Dogme à l'Université de Fribourg (Suisse) et directeur de la *Revue thomiste* (2).

1. *L'Hypnotisme revenu à la mode* et la *Nouvelle théorie de la suggestion*, traduits de l'italien par Moreau.
2. *L'Hypnotisme franc.*

Les arguments du P. Franco ont été en grande partie exposés dans notre livre des *Névroses et Possessions*. Nous les rappellerons succinctement en les accompagnant de quelques réflexions critiques et nous n'hésiterons pas à faire à notre livre lui-même certaines corrections nécessaires.

Nous nous arrêterons surtout aux arguments des partisans de l'hypnotisme que nous tâcherons de réduire à leur juste valeur.

I

Définition de l'hypnotisme.

En présence des efforts que font les partisans de l'hypnotisme pour le réduire aux phénomènes les plus simples
de certaines névroses ou de la suggestion verbale, il nous
paraît utile de rappeler d'abord, en la complétant, la définition que nous en avons donnée.

L'hypnose est un état anormal, intermittent, irrégulier
et spécial à certains individus, survenant parfois spontanément, mais le plus souvent provoqué par des procédés
très divers, à la suite d'une recherche volontaire ou implicitement consentie, ordinairement avec l'intervention d'un
tiers qui prend le nom d'hypnotiseur.

Les principaux caractères de cet état sont :

1° Un sommeil de nature spéciale, ou tout au moins la
perte plus ou moins étendue de la conscience, de la mémoire, du libre arbitre et de la volonté.

2° La complication possible et fréquente, soit avant, soit
pendant, soit après la crise, de catalepsie, de léthargie, de
convulsions, d'hallucinations, sans qu'habituellement, en
dehors des accès, à moins d'abus manifestes, la santé de
l'âme et du corps paraisse subir une notable altération.

3° La faculté de subir alors facilement les impulsions
presque invincibles de la suggestion, non seulement verbale
ou communiquée par des signes, mais aussi quelquefois
simplement mentale : Suggestions et inhibitions, soit ac-
tuelles, soit anté ou post-hypnotiques; accaparement par
l'hypnotiseur de toutes les facultés sensibles, motrices et
intellectuelles du sujet même dans les actes ordinairement
soustraits à la conscience et à la volonté; impossibilité pour
l'hypnotisé d'agir spontanément contre la volonté de l'hyp-

notiseur, de résister à ses injonctions, d'entrer en relation avec les témoins et le monde extérieur, de se réveiller sans son secours ou sa permission ; action de l'hypnotiseur sur les vaso-moteurs et les organes de la vie nutritive et végétative de l'hypnotisé, vésications, hémorragies par suggestion, guérison de certaines maladies, principalement des névroses, etc.

4° La production presque constante des phénomènes de double condition caractérisés par un automatisme intelligent le plus souvent inconscient et compliqué de troubles psychiques, de puérilités ridicules, grossières et impies, presque toujours contraires aux habitudes du sujet, et d'autres fois accompagné d'une apparente supériorité des facultés sensorielles, motrices et intellectuelles, d'une force d'inertie ou de vitalité extraordinaire, d'une acuité particulière des sens, ou de la manifestation de connaissances spéciales bien au-dessus de celles que pourraient expliquer l'instruction et l'éducation première du sujet.

5° L'apparition fréquente de facultés nouvelles et étrangères aussi bien à l'hypnotisé qu'à l'hypnotiseur : transposition des sens, vue intérieure, vue transopaque, vue à distance, télépathie, don des langues, des sciences, des arts ou de guérison par le toucher, connaissance des remèdes, divinations et prédictions réalisés même dans l'ordre des faits contingents, etc.

Tenons-nous en à ces phénomènes couramment obtenus par les hypnotiseurs qui les ont recherchés avec quelque persévérance, sans se lancer directement dans les mystères de la magie et des évocations spirites.

On pourrait cependant encore, et très légitimement ce semble, élargir l'influence de l'hypnotisme. Les phénomènes si souvent provoqués par de prétendus magnétiseurs, par les spirites, les mages, les occultistes, dont le but avoué et patent est de se mettre en relation plus ou moins directe avec les esprits, ne sont-ils pas de même nature ?

On trouverait plus d'un rapport entre les médiums et les hypnotisés.

Bon nombre de phénomènes sont communs à l'hypnose et à la magie; de telle sorte qu'il serait presque impossible de tracer entre ces deux sciences une ligne de démarcation bien nette. Souvent on voit des expérimentateurs passer sans s'en apercevoir d'une pratique à l'autre, et les plus savants n'ont pu encore s'accorder sur une classification acceptable pour tous.

Cependant, dans ces derniers faits, se présente ostensiblement un élément nouveau, la recherche directe et explicite d'une intervention extra-naturelle qui, dans l'hypnotisme, ne serait qu'accidentellement et implicitement demandée ou inconsciemment acceptée.

Est-ce assez pour constituer deux ordres de faits absolument distincts et d'origine et de nature? Il me paraît difficile de l'affirmer!

Très souvent les hypnotisés, comme Mme Comet (1) ou la somnambule de Bertrand (2) et bien d'autres se disent en relation avec un personnage invisible qui parle par leur bouche ou dicte leurs réponses, ni plus ni moins que les esprits évoqués par les spirites. Comment ne pas les croire au moins de la même famille?

Que penser alors de ces phénomènes extérieurs évidemment liés à la présence du sujet, mais se passant en dehors de lui, sans qu'il en ait conscience ou contre sa volonté? Sensations de souffle, de trépidations, d'oscillation des meubles et des appartements, d'attouchements divers ; bruits et coups frappés avec intelligence, voix et chants aériens, mélodies rendues par des instruments isolés; mouvements et transports spontanés d'objets matériels, etc.? Comment expliquer ces apparitions de mains, de flammes, de fantômes, tantôt décrits par le sujet, tantôt perçus direc-

1. *Névroses et Possessions*, p. 285.
2. *Ibid.*, p. 288.

tement et simultanément par les assistants? Que dire de la lévitation et de l'augmentation du poids des corps, de ces dédoublements apparents et sensibles des individus, de ces « extériorisations » des forces et des corps, de ces « matérialisations » des âmes et des purs esprits, de ces influences bonnes ou mauvaises d'un autre monde, de ces guérisons inexplicables, de ces envoûtements, de ces maléfices qui se confondent si bien avec les phénomènes de possession diabolique?

II

Unité de l'hypnose.

Si, pour complaire aux partisans de l'hypnotisme, nous laissons de côté les phénomènes transcendants qu'ils rejettent ou refusent d'examiner, comme appartenant à une autre science, c'est qu'en somme ceux qu'ils admettent nous suffisent pour les juger. Nous ne saurions cependant renoncer avec eux aux éclaircissements que cette science peut nous donner.

Dans le premier enthousiasme de la découverte, il semblait que l'explication des mystères antiques, des miracles et des prestiges était enfin trouvée. Le surnaturel que l'on niait d'instinct était percé à jour. La science triomphait. « Ceci avait tué cela. »

Mais lorsqu'on s'aperçut des conséquences et de la transcendance de certains phénomènes, l'élan se ralentit et l'hypnotisme qui devait tout expliquer, tout absorber, dut se faire de plus en plus petit pour demeurer dans le domaine des sciences dites positives : Que les hommes de religion, les théologiens, les mystiques se débrouillent avec les faits qui leur appartiennent! Ils ont droit à tous nos respects; mais nous n'avons pas besoin de les suivre. Tel est en résumé l'argument favori des partisans de l'hypnotisme.

Bon nombre de savants chrétiens et catholiques se sont

laissés prendre à ces marques assez équivoques de bien-
veillance, bien éloignées d'un rapprochement sérieux. Ils
ont suivi leurs adversaires dans leur retraite, porteurs de
toutes les concessions possibles.

Aussi, quelque restreinte à notre sens, que soit notre
définition, un certain nombre d'hypnotistes ne l'accepte-
raient-ils pas sans réserve.

Toute une école dont le P. Coconnier s'est fait, parmi les
catholiques, le champion très autorisé, voudrait rejeter
dans une classe à part tous les phénomènes accidentels
qui se montrent bien dans l'hypnose, mais qui ne sauraient
s'expliquer sûrement par la maladie, la physiologie, la psychologie naturelle ou la suggestion. On créerait ainsi de
pièces et de morceaux une hypnose toute naturelle, pour
en conclure que les phénomènes de l'hypnotisme n'ont
rien de dangereux, de mauvais, d'immoral, de surnaturel.

Ce raisonnement ne paraîtra-t-il pas, contre toutes les
règles de la logique, conclure assez légèrement du particulier au général? Le savant religieux est trop bon philo-
sophe pour tomber dans une pareille faute; mais il est fort
à craindre que beaucoup de ses lecteurs, moins bons dia-
lecticiens, ne saisissent pas la différence entre l'hypnotisme
du P. Coconnier et l'hypnotisme en général et ne se disent
à la fin du livre, comme le Dr Surbled : « Tout ce qui
relève de l'hypnotisme est certainement naturel (1). » Il
faut distinguer.

Nous concédons sans peine au savant religieux que « de
nos jours, comme au temps de Socrate, diviser (c'est-à-dire
disséquer, analyser, étudier séparément les différentes par-
ties d'un tout) est la condition et le chemin de toute science
profonde et sûre (2); » mais il ne s'en suit pas qu'on puisse
hacher et séparer toutes ces fractions pour en faire autant
d'unités indépendantes les unes des autres.

1. Études, avril 1898, Critique de Jeanniard du Dot.
2. P. Coconnier, L'Hypnotisme franc, p. 139.

Lorsqu'il s'agit de définir certains états capables d'affecter diversement le composé humain, il est au contraire souverainement logique de réunir sous une même dénomination ceux de ces états qui reconnaissent les mêmes causes, présentent les mêmes lésions et les mêmes symptômes, suivent la même marche pour arriver à la même terminaison, au même but.

C'est ce que les médecins ont fait pour la fièvre typhoïde, autrefois divisée en un certain nombre d'espèces, sous le nom de fièvres inflammatoires, bilieuses, muqueuses, malignes, putrides, etc., qui, malgré quelques différences notables, n'étaient nullement distinctes quant à l'origine, à la marche, au siège et à la nature des lésions.

« Diviser » est sans doute une excellente méthode d'exposition; mais il ne faut pas la pousser jusqu'à tronquer et mutiler les genres et les espèces au point de changer leur essence.

Il existe une maladie dont l'unité ne fait doute pour personne et dont les symptômes se développent habituellement en trois périodes souvent séparées par des intervalles assez longs. Les premiers médecins qui s'en occupèrent crurent d'abord qu'il s'agissait d'espèces morbides distinctes. Aujourd'hui le pathologiste qui voudrait réserver le nom de syphilis aux seuls accidents primitifs et faire autant de maladies spéciales des accidents secondaires, tertiaires ou héréditaires ferait une œuvre très incomplète, très fausse et très dangereuse dans la pratique.

Ces reproches ne seraient-ils pas applicables à l'hypnotisme franc du P. Coconnier? Nous le pensons absolument, parce que les phénomènes transcendants, la suggestion mentale, la vue transopaque, la télépathie, la divination, etc., dont le R. Père et ses partisans voudraient faire une espèce à part, se sont fréquemment présentés d'eux-mêmes et d'emblée, quelquefois dès le début des opérations, et sont si bien mélangés aux symptômes ordinaires qu'on ne saurait invoquer une cause différente pour expliquer les uns et les autres.

La plupart des hypnotiseurs le sentent si bien qu'ils préfèrent chercher une explication naturelle à ces symptômes généralement donnés par les théologiens comme signes de la possession, plutôt que de les nier ou de les séparer d'un tout qu'ils n'osent pas scinder.

La seule fin de non-recevoir à laquelle on puisse recourir avec un semblant de raison, et que revendique le P. Coconnier, sans laisser d'essayer lui-même de quelques explications, c'est que « le doute plane toujours (?) sur la réalité même de ces phénomènes... La plupart de nos savants, dit-il, répéteraient encore volontiers aujourd'hui le mot célèbre de Récamier à Dupotet : « Je suis ébranlé, mais je ne suis pas convaincu (1). »

Rejeter un fait uniquement *parce qu'on n'en est pas convaincu,* alors que ce fait peut détruire de fond en comble la théorie que l'on défend, c'est laisser derrière soi un argument qui pourrait devenir sérieux et décisif. En face de l'affirmation positive d'un fait, le doute des entêtés ou des intéressés ne prouve pas plus que leur négation. Que valent aujourd'hui contre l'hypnotisme tous les doutes et toutes les négations de nos académies?

Vous demandez « de quel droit rapporter à l'hypnotisme des faits, réels, *si nous le voulons,* mais que les hommes les plus versés dans cette pratique ou cet art déclarent lui être complètement étrangers (2). » Et vous citez Braid, les docteurs Bernheim et son école, Grasset, Charcot et ses élèves. Le fait n'est pas absolument exact, car la plupart ont rapporté des faits rentrant absolument dans quelques-unes de ces catégories dont vous remettez l'étude à d'autres loisirs.

1. *L'Hypnotisme franc,* p. 137.
2. *Ibid.,* p. 138.

Nous vous demanderons, nous, de quel droit on retrancherait de l'hypnotisme ces faits admis aujourd'hui par le plus grand nombre des hypnotistes et par ceux même que vous citez, qui presque tous ont commencé par affirmer l'identité complète de l'hypnotisme et du magnétisme, et des sciences occultes, et des prestiges magiques, et même des miracles.

Comment, d'autre part, ne pas se méfier de savants qui ne veulent parler « ni de la suggestion mentale, ni de la transmission de la pensée à distance, ni des hallucinations pressentiments », sous prétexte « que ces phénomènes sont d'un autre ordre », et qu'ils n'ont pas « d'observation *personnelle* assez concluante pour les *autoriser à formuler une opinion* » ? (1). Ne reconnaissent-ils donc comme valables que leurs observations personnelles?

Que ces derniers phénomènes soient douteux ou réels, ou mal interprétés, qu'ils soient intermittents ou plus ou moins constants, on ne saurait nier les liens très apparents qui les unissent aux premiers. S'ils n'appartiennent pas essentiellement à l'hypnose, en ce sens que l'hypnose peut exister sans eux, ils n'en dépendent pas moins comme l'effet dépend de la cause. Ils sont un résultat, accidentel si l'on veut, mais un résultat direct de l'hypnotisme, car ils ne se produisent que dans l'hypnose et ils en sont toujours accompagnés.

C'est en mettant de côté ces considérations que le P. Coconnier a pu constituer son *hypnotisme franc* en face de l'*hypnotisme vrai* que tout le monde comprend dans son intégrité. De suite on voit les conséquences.

La plupart des raisons du P. Franco appliquées à l'hypnose restreinte du P. Coconnier tombent à faux incontestablement; de même que les arguments les plus forts et les mieux enchaînés du P. Coconnier n'atteignent en au-

---

1. Bernheim, *Suggestion*, p. xv.

cune manière l'hypnotisme complet du P. Franco. Et voilà comment deux philosophes très orthodoxes sont arrivés à des conclusions absolument contraires, sans peut-être cescer d'avoir raison tous deux, chacun à son point de vue.

En effet, que le P. Coconnier en vienne un jour à étudier, comme il nous l'a presque promis (1), les phénomènes qu'il ne se croit pas le droit de rapporter aujourd'hui à son « *hypnotisme pur de tout mélange* », il est probable qu'il serait en parfaite communion d'idée avec le P. Franco, et je ne désespère pas alors de voir le Dominicain, devenu moins affirmatif en ce qui concerne son *hypnotisme franc*, accepter sans restrictions toutes les conclusions du Jésuite sur *l'hypnotisme vrai*.

Jusque-là, quand le P. Coconnier parviendrait à prouver que *l'hypnotisme franc*, c'est-à-dire incomplet et tronqué, n'est pas intrinsèquement *immoral,* qu'il n'est en soi ni *nuisible et malfaisant*, ni *diabolique* (trois propositions qui résument son livre), ses conclusions resteraient toujours très contestables appliquées à *l'hypnotisme vrai*. La première chose à faire dans une discussion, c'est de s'entendre sur les définitions.

Cette réponse pourrait nous dispenser d'en chercher d'autres ; mais, bien que certains faits relevés par le savant Dominicain nous aient impressionné, nous sommes loin d'accepter sans réserve les trois propositions que nous venons de citer, même en restant sur le terrain choisi par leur auteur.

1. *L'Hypnotisme franc*, p. 140.

III

Solidarité des phénomènes hypnotiques.

Non seulement la plupart des hypnotistes, et le P. Coconnier en particulier, rompent l'unité de l'hypnose par un morcellement arbitraire en différentes phases ou maladies ; mais, dès qu'on aborde avec eux la grande question de la séparation des phénomènes naturels et surnaturels, on voit presque tous les auteurs, même catholiques, prendre l'un après l'autre et séparément tous les symptômes, cherchant pour chacun d'eux des explications plus ou moins acceptables, comme si chacun de ces phénomènes se présentait isolément, sans le moindre rapport de solidarité avec les autres.

Ce procédé pourra fournir quelques arguments assez spécieux dans un cas particulier; mais ils ne prouvent rien appliqués à l'ensemble.

Il est certain que, dans l'esprit de l'Église, on ne doit considérer comme miraculeux ou prestigieux que les faits évidemment contraires à quelque loi connue de la nature et formellement inexplicables, sans l'*intervention d'êtres supérieurs à ces lois;* mais cette évidence ne se tire pas seulement de l'absence d'explications naturelles et plausibles du fait, il faut encore tenir compte des procédés employés pour le provoquer, des circonstances qui l'accompagnent, des autres faits solidarisés avec lui, des conséquences qu'il entraîne, etc.

Se contenter pour nier miracle et prestige d'une hypothèse problématique ou d'une explication en perspective; dire avec le Dr Surbled, dont tout le monde connaît cependant la science, la foi et l'obéissance à l'Église, que « le mécanisme d'un fait qui nous échappe ne nous échappera peut-être pas toujours, et que la porte reste ouverte aux hypothèses

nouvelles, aux progrès de la science et, qui sait? à l'explication cherchée (1) », n'est-ce pas nier en principe la possibilité d'affirmer avec certitude un seul fait surnaturel?

Il ne faut pas oublier que Dieu, lorsqu'il se révèle par des
miracles ou permet les prestiges diaboliques, *doit* nous
donner la facilité de les reconnaître et de les différencier.
Et cela, sans qu'il soit nécessaire de recourir aux finesses
d'une science que le vulgaire ne peut ni se procurer, ni
juger. Autrement nous ne serions obligés de croire, ni aux
miracles, ni aux vérités qu'ils confirment; nous aurions le
droit, et dans certains cas le devoir, d'attendre presque in-
définiment les explications futures de la science.

La plume du Dr Surbled, en empruntant aux incrédules
un argument si dangereux, a certainement dépassé sa
pensée.

La plupart des prestiges et mêmes certains miracles peuvent être produits par la mise en jeu de lois naturelles in-
connues où dont les effets nous ont jusqu'ici échappé; mais
ils ne sont prestiges ou miracles que par l'intervention
d'une force supérieure à celles que nous possédons.

Quand on arriverait un jour à connaître toutes ces lois de
la nature et tout ce qui s'y rapporte, les miracles et les
prestiges ne seraient pour cela ni détruits ni rendus douteux.

« Les lois de la nature ne se contredisent pas, ne s'anni-
hilent pas ; elles se groupent, se combinent, se modifient
les unes les autres pour composer une résultante. Lorsque
la combinaison, la modification se fait entre des forces naturelles, la résultante est naturelle ; mais s'il survient dans
le problème une force hiérarchiquement supérieure à celles
que possèdent naturellement les êtres qui la subissent, la
résultante elle-même sera d'un ordre supérieur ; elle por-

1. Docteur Surbled, *La vie psycho-sensible*, 1898, p. 106, et *Revue du
monde invisible*, juin 1898, p. 23.

tera toujours l'empreinte de cette force étrangère et la fera connaître ou du moins soupçonner. C'est cette empreinte qui constitue pour nous ce que nous appelons le surnaturel. » (1)

Il ne suffit pas de décrire le mécanisme d'une machine pour en expliquer le mouvement. Il faut connaître le moteur. C'est lui qu'il faut chercher d'abord.

IV

Procédés et conditions de l'hypnose.

Nous passerons légèrement sur les procédés hypnotiques. Ils sont aussi variés qu'impuissants à rendre compte de leurs effets.

Nous relèverons cependant la tendance de certains auteurs à confondre ces procédés avec les différentes manœuvres soporifères que tout le monde connaît. Ces dernières, instinctivement ou fortuitement employées, n'ont jamais procuré qu'un sommeil ordinaire, généralement exempt de somnambulisme et jamais cette hypnose somnambulique, fatale, irrésistible, indéfinie comme durée et soumise à la volonté d'un tiers.

Pour produire l'hypnose complète une première fois, il est indispensable de joindre aux procédés physiques deux éléments très caractéristiques : 1º de la part de l'hypnotiseur, la *recherche volontaire* de ce sommeil tout spécial, et 2º de la part de l'hypnotisé, le *consentement* au moins implicite. Plus tard la simple volonté de l'hypnotiseur suffit ; il arrive même que le sujet entraîné s'hypnotise lui-même.

Il est vrai que l'on a cité quelques faits très exceptionnels où l'on a pu endormir et même hypnotiser certains

1. *Névroses et possessions*,

2

sujets par surprise et sans consentement apparent, soit en agissant sur leur imagination par des gestes ou par le regard, soit en transformant en hypnose, sans les prévenir, leur sommeil naturel, cataleptique ou chloroformique ; mais ces exceptions confirment la règle ; elles peuvent s'expliquer, dans une demi-conscience, par la complaisance ou le laisser-faire qui sont une sorte de consentement tacite, ratifié peut-être au réveil.

Aussi sommes-nous absolument de l'avis de l'abbé Touroude qui considère cette nécessité de la recherche et du consentement, dans la production de l'hypnose, comme « une pierre de touche et une preuve irréfragable que l'hypnotisme n'est pas une chose purement physique (1) ».

Je sais que nombre d'hypnotiseurs trouvent tout naturel qu'un sujet qui s'est une fois donné par son consentement ne puisse plus se reprendre. Jamais ils ne persuaderont que cette impuissance absolue, invincible, quoique intermittente, soit dans l'ordre de la nature.

Sans doute une première faute commise rend habituellement plus facile la rechute dans une seconde. Tous les moralistes l'admettent et l'expérience journalière confirme cette loi. Dans le bien comme dans le mal on rencontre souvent de ces tourbillons ou de ces engrenages qui nous entraînent malgré nous et auxquels il est de plus en plus difficile de résister. Mais il y a loin de cet entraînement conscient et toujours jusqu'à un certain point volontaire, à l'accaparement irrésistible et inconscient de l'hypnotisé par l'hypnotiseur. Et l'on voudrait que cet accaparement soit naturel !

Que Dieu puisse le permettre, comme il permet la possession, on le conçoit. Les mêmes raisons que nous avons ailleurs exposées en détail (2) le justifient suffisamment ;

1. Touroude, *Lettre à M. Masoin*, p. 3.
2. V. *Névroses et Possessions*, p. 419-422 et 430.

mais peut-on croire qu'une pareille puissance soit essentielle à l'homme et lui ait été donnée naturellement par un Dieu bon, juste et sage?

V

Nature de l'hypnose.

Nous avons démontré ailleurs (1), en comparant l'hypnose avec les différentes maladies qui, d'après l'école de Charcot, semblaient lui fournir ses principaux symptômes, combien elle différait de ces espèces morbides, non seulement par ses causes, sa marche et sa terminaison, mais aussi par ces symptômes eux-mêmes dont les caractères spéciaux n'ont en somme qu'une ressemblance très lointaine avec les phénomènes hypnotiques. Et nous croyons avoir suffisamment prouvé qu'aucune espèce morbide ne pouvait être considérée comme la cause et l'origine de cet état complexe.

Nous avons aussi longuement critiqué les théories par trop naturalistes de l'abbé Schneider dont les arguments purement analogiques cherchaient dans le mécanisme des phénomènes normaux l'explication de faits complètement en dehors des lois physiques, physiologiques et psychiques (2).

Nous sommes d'autant plus autorisé à laisser momentanément ces questions de côté que tous les hypnotistes sont aujourd'hui d'accord pour accepter la suggestion comme le principal, sinon l'unique agent de tous ces phénomènes.

Pour l'école de Nancy, à laquelle se rattache résolument le P. Coconnier, non seulement tous les faits hypnotiques

1. *Névroses et Possessions.*
2. Schneider, *L'Hypnotisme.*

s'expliquent par la suggestion, mais l'hypnose elle-même ne reconnaît pas d'autre cause.

Sommeil et suggestion, tels sont en effet aujourd'hui les caractères les plus apparents de l'hypnose ; mais pour nous, la volonté et le consentement *nécessaires au début, inutiles plus tard,* nous paraissent deux éléments bien plus caractéristiques et plus importants dans l'espèce.

VI

Sommeil hypnotique.

Dans une page fort bien écrite et très spécieuse de raisonnement, le Dr Liébault, cité avec admiration par le P. Coconnier, compare la genèse du sommeil ordinaire et du sommeil hypnotique, et il conclut : « que dans sa formation... le sommeil artificiel ne diffère pas du sommeil ordinaire et que, dans l'une et l'autre forme de l'état passif, c'est le retrait de l'attention loin des sens et son accumulation dans le cerveau sur une idée qui en est l'élément principal. — Pourquoi nous dire alors, ajoute le P. Coconnier, que la naissance de l'hypnose n'est pas naturelle? (1). »

Nous répondrons simplement d'abord que « l'accumulation de l'attention sur une seule idée » n'est en aucune manière l'élément principal du sommeil ordinaire. Chacun s'endort à sa façon ; mais l'idée fixe est plus souvent une cause d'insomnie que de sommeil. Ce n'est pas non plus seulement « le retrait de l'attention loin des sens », c'est la suppression volontaire et aussi complète que possible de toute espèce d'attention, l'absence de tout raisonnement, en présence des fantasmagories changeantes et variées de

1. Liébault, *Sommeil provoqué*, p. 10-12. — P. Coconnier, p. 179.

l'imagination. Enfin dans l'hypnose, le sommeil en lui-même n'a peut-être rien d'extra-naturel; mais on n'en saurait dire autant des effets qu'il produit, dont il est au moins l'occasion, et qui diffèrent absolument de tous ceux qui caractérisent le sommeil ordinaire. Notons les principaux et les plus importants :

1° Rapidité et invincibilité de l'invasion, après un premier consentement; 2° Tendance constante et spéciale au somnambulisme (et nous ajoutons, quoi qu'en dise le P. Coconnier, aux convulsions, aux hallucinations, etc.); 3° Rapport exclusif entre l'hypnotiseur et l'hypnotisé: impossibilité pour ce dernier d'entrer en relation avec le monde extérieur ou de se réveiller sans le consentement du premier; 4° Suggestibilité exagérée, inconsciente, absurde, invincible, dans l'hypnotisé; 5° Anéantissement du jugement, du libre arbitre et de la volonté, même après le réveil, en ce qui regarde les choses suggérées (hallucinations anté ou post-hypnotiques, soit positives, soit négatives); 6° Amnésie complète de tout ce qui se passe dans le sommeil, avec souvenir plutôt avivé des choses passées et des ordres reçus dans l'hypnose. 7° Phénomènes étranges d'anesthésie, d'hyperesthésie, de paralysie, d'hallucinations sensorielles, sentimentales ou mnémoniques; 8° Phénomènes de conditions multiples et d'altérations de la personnalité que nous étudierons plus loin ; 9° Action de l'hypnotiseur sur les vaso-moteurs et les organes de la vie nutritive et végétative du sujet (vésications, hémorragies, sécrétions hypnotiques, etc.).

Tous ces phénomènes sont admis et décrits par le P. Coconnier de la page 78 à la page 135 de son livre. Nous verrons plus loin comment il les expliquera.

Mais on se demande toujours pourquoi le savant Dominicain s'obstine à rejeter dans l'ombre des faits à peine plus surprenants que ceux qu'il admet: la divination de la pensée, la suggestion mentale, la vue à distance, la vue transopaque, les révélations d'outre-tombe, les prophéties, la télépathie, l'envoûtement moderne, etc.

Il n'en donne que deux raisons : 1° Il en doute, ce qui ne paraît pas être un argument de grande valeur, puisque ces derniers phénomènes sont attestés par les mêmes savants qui méritent toute sa confiance pour ceux qu'il admet; 2° Quelques expérimentateurs cités par lui, Bernheim, Liébault, Grasset et leurs élèves, ne les ont jamais rencontrés malgré tous les efforts qu'ils ont tentés pour les provoquer.

Est-ce une raison valable? « Le R. Père est trop bon logicien, observe l'abbé Touroude, pour ne pas reconnaître que de ce que ces savants n'ont jamais observé et reproduit ces phénomènes, il ne s'en suit pas que ces phénomènes n'existent pas (1). »

Ce serait retourner à son désavantage le fameux argument d'un voleur à son juge : « Vous me produisez dix témoins qui m'ont vu ; je vous en citerai dix mille qui ne m'ont pas vu. » Seulement ici ceux qui n'ont pu ou voulu voir seraient dix, et les témoins dix mille.

Est-il bien vrai d'ailleurs que ces expérimentateurs plus ou moins réfractaires à l'idée du surnaturel n'aient jamais rencontré aucun fait qui leur laissât des doutes? Parmi ceux qu'ils racontent, il en est quelques-uns qui nous feraient rêver, et l'on s'étonne malgré soi que des phénomènes si communs dans toutes les expériences des hypnotiseurs ordinaires deviennent si rares entre les mains des plus savants.

En résumé, nous ne saurions admettre sans réserve les conclusions de M. le chanoine Ribet généralement mieux inspiré : « Dormir, dit-il, est une fonction régulière de la vie. En lui-même le sommeil n'excède donc pas la nature. Au fond la léthargie artificielle *ne diffère pas* physiologi-

---

1. Touroude, *Remarques sur l'hypnotisme franc*, p. 48.

quement de la léthargie spontanée. (?) Les procédés mécaniques qui la déterminent — nous réservons la suggestion
mentale — présentent un rapport physique avec l'effet
produit. (?) Il est donc logique d'admettre que le sommeil
provoqué par ces moyens est aussi naturel que le sommeil
ordinaire (1). »

Rapport physique, je le veux bien ; mais le rapport physique n'est pas tout dans la question. Il faudrait ajouter,
même en restant sur le terrain de l'hypnotisme franc : à
la condition que *l'effet produit*, l'effet moral comme l'effet
physique, ne diffère pas de ceux du sommeil ordinaire,
que le sujet puisse se réveiller sans l'intervention de l'hypnotiseur, qu'il retrouve intact au réveil sa conscience, sa
volonté, son libre arbitre, etc., etc.

Alors nous accorderions sans peine que les deux sommeils
sont de même nature. Est-ce là ce qui arrive?... Et la suggestion mentale qu'on tient en réserve ! Pourquoi?...

Non, le sommeil hypnotique, par les procédés mécaniques
qui le déterminent *invinciblement, après un premier consentement nécessaire,* par les phénomènes très souvent
contraires aux lois de la nature qui l'accompagnent et *ne
se montrent qu'avec lui* (très différents de ceux qui se produisent dans l'état physiologique ou pathologique), ne saurait être un sommeil naturel.

S'il se présente des cas où l'on ne rencontre aucun phénomène qui permette d'affirmer une intervention surnaturelle, nous les laisserons individuellement pour ce qu'ils
valent ; mais en présence des signes certains qui les compliquent si souvent, nous ne pouvons nous empêcher de les
considérer en général comme très suspects.

1. *Univers*, 30 janv. 1894.

VII

Suggestion hypnotique.

Quant à la suggestion hypnotique elle-même, il est facile de voir qu'elle diffère absolument de la suggestion que nous connaissons tous. La suggestion naturelle n'a jamais été jusqu'à supprimer la mémoire, la conscience, le libre arbitre, la volonté. Qu'elle puisse impressionner, troubler, fausser l'intelligence, le fait est incontestable ; mais il y a loin de là à son anéantissement, même passager, à l'impossibilité de toute réaction, à l'abandon de toutes ses facultés entre les mains d'un hypnotiseur qui lui-même ne saurait dire comment une telle puissance lui est échue, comment il s'en sert, comment elle existe et pourquoi les autres ne l'ont pas.

Cependant ce rapport d'influence incompréhensible est considéré par le P. Coconnier lui-même, comme un des éléments essentiels de l'hypnose : « Rapport spécial, rapport d'influence entre l'hypnotiseur et l'hypnotisé, suggestion et suggestibilité, dit-il, tout l'hypnotisme tient dans ces trois termes (1) » ; mais c'est surtout la suggestion, « force d'une portée immense », qui le caractérise : « Sans la suggestion il n'y a pas d'hypnose, ou du moins l'hypnose mérite à peine qu'on s'en occupe (2). »

A notre humble avis, ces trois éléments sont loin de constituer toute l'hypnose. Ils n'expliquent nullement d'une manière satisfaisante même les *phénomènes choisis* que le savant religieux passe en revue, sans s'occuper des plus embarrassants. Bien plus, le degré qu'ils acquièrent tous trois dans l'hypnotisme aurait besoin lui-même d'être expliqué et dépasse de beaucoup le degré qu'ils atteignent à l'état normal.

1. *L'Hypnotisme franc*, p. 84.
2. *Ibid.*, p. 85.

' Quant à l'opinion du Dr Bernheim que toutes les pratiques hypnogènes peuvent se ramener à la suggestion, elle a été sérieusement battue en brèche par le Dr Guermonprez qui lui oppose l'hypnotisation des animaux et des enfants à la mamelle, incapables de subir une suggestion (1).

Il est vrai que le P. Coconnier distingue : « Si par suggestion vous entendez une *idée*, un concept universel, l'idée générale du sommeil par exemple, j'accorde, dit-il, qu'on ne peut pas admettre la suggestion appliquée aux bêtes ; mais si, par suggestion, on peut entendre seulement une *image*, l'image du sommeil, j'affirme qu'on peut l'admettre... car c'est l'image et non l'idée abstraite du sommeil qui endort (2) .»

Je me demande avec l'abbé Touroude comment les passes, le regard fixe, ou l'action d'appliquer une main sur le ventre d'un enfant au maillot et l'autre sur le dos peut lui donner l'image du sommeil (3) ; mais je m'explique encore moins que ces manœuvres, quelles qu'elles soient, puissent donner aux bêtes et à l'enfant l'*image* de l'obéissance passive à leur hypnotiseur (4), ou la *représentation imaginative* de l'impossibilité de se réveiller sans son consentement; car, en réalité, c'est là ce qui constitue l'hypnose.

Si l'on récuse ces faits de suggestion *idéale* aux êtres privés d'intelligence, qui nécessiterait l'intervention d'une intelligence étrangère, il n'en manque pas d'autres qu'on ne saurait pas plus que ceux-ci attribuer à la suggestion naturelle.

. Notons au passage, la catalepsie, les convulsions, les souffrances qui surviennent chez les hypnotisés et certainement ne sont pas suggérés. Ajoutons ces représentations d'objets, d'individus, de localités, de lésions internes, etc.,

---

1. *Premier Congrès international de l'hypnotisme*, 1889, p. 27.
2. *L'Hypnotisme franc*, p. 32.
3. *Lettre à M. Masoin*, p. 50.
4. V. pour les faits à l'appui : Bizouard, *Rapports de l'homme avec le démon*.

inconnus de l'hypnotiseur, de l'hypnotisé et des assistants. Rappelons-nous aussi ce fait, si souvent observé, et dont nous avons ailleurs raconté un exemple très remarquable (1), de malades se prescrivant, en état d'hypnose, des médications désagréables et douloureuses que le médecin, l'hypnotiseur et tout l'entourage condamnent et que les sujets eux-mêmes refusent d'accepter dans leur état normal. Où se trouve alors la suggestion ?

Enfin, si la suggestion hypnotique directe ou détournée, telle que l'entendent ses partisans, paraît être la cause d'un grand nombre de phénomènes, elle n'en est pas la cause unique et indispensable. Souvent elle échoue, et non seulement on peut s'en passer, mais il n'est pas rare de voir ces phénomènes se produire spontanément (nous en avons donné de nombreux exemples) (2), et se montrer ailleurs contrairement à la volonté exprimée du sujet et des assistants. Témoin le fait cité par le P. Coconnier lui-même, d'une jeune fille endormie par surprise et contre son gré : « Dès qu'il fut question de la rendormir, elle se rendormit tout de suite, malgré l'hypnotiseur et sans doute aussi malgré elle (3). »

Mais, persistant à confondre la suggestion ordinaire avec la suggestion hypnotique, le P. Coconnier ne se croit pas moins en droit de conclure : « ..... Et parce que la suggestion est chose toute naturelle et qui opère naturellement, il s'en suit que les symptômes de l'hypnose sont naturels et nullement préternaturels... (4) » Même la suggestion mentale?... Elle aussi est-elle naturelle?

Ce qui est préternaturel, ce n'est pas la suggestion en elle-même, c'est la suggestion invincible, c'est l'accaparement de toutes les facultés du sujet par l'hypnotiseur *seul*,

1. *Névroses et Possessions*, p. 88.
2 *Névroses et Possessions*, 1re partie.
3. *L'Hypnotisme franc*, p. 58.
4. *Ibid.*, p. 187.

même après le réveil, et tant d'autres effets que vous ne voulez pas étudier.

Pour défendre sa thèse, le R. Père s'attaque à quelques arguments discutables du P. Franco et se rejette avec l'abbé Lelong sur « le concours de l'imagination mise en activité (1) ». Mais l'imagination ne saurait non plus expliquer tous les phénomènes qui accompagnent la suggestion hypnotique.

Le P. Coconnier l'avoue lui-même, en rappelant plus loin à son adversaire, le P. Franco, deux choses : « la première, que l'imagination est, *non pas l'unique*, mais *le grand facteur* des symptômes hypnotiques ; la seconde, que ces phénomènes auxquels nous faisons allusion *ne s'observent pas d'emblée dans tous les sujets*, mais seulement dans une élite, c'est-à-dire chez les prédisposés et chez ceux qui ont reçu l'éducation hypnotique (2) ».

Nous demanderons d'abord au R. Père : 1° Quels sont ces *facteurs* auxquels il fait allusion ; 2° Nous dirons que la manifestation des faits en question, dans les circonstances avouées par lui, suffit amplement pour que l'objection persiste.

Éducation, prédisposition, élection, que nous importe ? Il n'en reste pas moins acquis que ces faits existent, que l'imagination ne suffit pas pour les produire et qu'il nous faut d'autres facteurs. Pourquoi donc ajouter « qu'il ne vous paraît pas clair du tout que l'imagination ne fasse pas tout cela ? (3) » C'est que vous confondez, mon Révérend Père, la suggestion hypnotique avec la suggestion ordinaire, deux choses essentiellement différentes, et que vous négligez par trop arbitrairement les circonstances, les faits, les circonstances qui gêneraient vos convictions.

1. Lelong, *La Vérité sur l'Hypnotisme*, p 62.
2. *L'Hypnotisme franc*, p. 190
3. *Ibid.*

« Une imagination exaltée, soit par nature, soit par entraînement », peut certainement, comme vous le dites, nous représenter les images « les plus variées, les plus disparates », et dans ce tourbillon, « les coups de théâtre deviennent la règle » ; mais l'imagination expliquera-t-elle la nécessité d'un premier consentement et ensuite son inutilité, l'invincibilité de la suggestion, l'anéantissement du jugement et de la volonté, même après le réveil, l'amnésie à commandement, l'inconscience et enfin le rapport exclusif entre l'hypnotiseur et l'hypnotisé qui paraissent à beaucoup nécessiter l'intervention d'un autre facteur ? Si l'imagination pouvait tout cela, que deviendrait la responsabilité ?

Pourquoi cette puissance de l'hypnotiseur ? pourquoi absolue ? pourquoi invincible ? pourquoi unique ? pourquoi, si elle est naturelle, ne garde-t-elle pas les caractères d'universalité, de nécessité, d'identité, de constance qui accompagnent les lois de la nature ?

L'abbé Lelong nous explique très bien que « la suggestion, cause naturelle (?), doit produire ses effets, quel que soit l'agent qui la provoque, si elle est imposée dans les mêmes conditions ; mais que, si ces conditions sont différentes, il est clair que l'effet *peut* l'être aussi. C'est justement, continue-t-il, ce qui a lieu dans le cas présent, la situation est tout à fait autre. Seul, de tous les spectateurs, l'hypnotiseur s'est mis en rapport avec le sujet par le sommeil provoqué et par la puissance absolue que ce sommeil procure sur la volonté et l'organisme ; seul par conséquent il est en mesure de se faire écouter et obéir (1) ».

C'est affirmer le fait, ce n'est pas l'expliquer. Nous comprenons fort bien que l'effet d'une cause peut changer avec les conditions qui l'accompagnent ; mais il ne nous paraît

1. *La Vérité sur l'Hypnotisme*, p. 64, citation du P. Coconnier, p. 191.

nullement naturel de voir cette cause dépasser les bornes de sa puissance et donner à un étranger, « sur la volonté et l'organisme d'un sujet », ce pouvoir unique, absolu, invincible, qui ne semble nullement contenu dans la force qui le produit.

Je me garderai bien de faire ici le raisonnement que le P. Coconnier prête au P. Franco : « Vous n'expliquez pas comment se réalise tel phénomène, donc ce phénomène est préternaturel (1). » Je mériterais la verte semonce que le Dominicain inflige au Jésuite et qui se termine par cette conclusion : « Nous n'expliquons pas ces phénomènes; eh bien ! soit ; vous n'en pouvez rien inférer *contre l'hypnotisme.* » — C'est très vrai ; mais j'ajouterai : Ni vous non plus *en sa faveur.*

Vous continuez, avec une irréprochable logique : « Pour avoir le droit d'inférer quelque chose, il vous faudrait établir, non pas seulement que nous n'expliquons rien, mais *qu'il est* IMPOSSIBLE *que rien soit expliqué par des lois naturelles.* » Et vous nous demandez : « L'avez-vous fait ? Pouvez-vous le faire ? (2). »

— Je dirai : Oui, mon Révérend Père, nous pouvons le faire et nous le faisons, au moins indirectement, par la constatation des prodiges, qui en sont la conséquence. Et vous-même, si vous teniez compte de ces prodiges, vous ne prouveriez pas non plus *qu'il est* POSSIBLE *de tout expliquer par des lois naturelles.* Cependant il faudrait le faire pour justifier vos conclusions.

Vous invoquez les hallucinations et les étranges phénomènes qu'on observe chez les distraits, les préoccupés, les somnambules et les fous, et vous dites : « Pourquoi se croire obligé d'en appeler au diable, quand on rencontre ces faits

1. *L'Hypnotisme franc,* p. 193.
2. *Ibid.*

dans l'hypnose qui n'est qu'un somnambulisme artificiel ? (1) »

— Parce que la distraction, la préoccupation sont de
simples troubles, que le somnambulisme, la folie, etc.,
sont des maladies réglées par des lois fixes, constantes, les
mêmes pour tous, nullement en contradiction avec les lois
naturelles de la physique, de la physiologie, de la psychologie, tandis que l'hypnotisme les contredit souvent et finit
par ne pouvoir être expliqué par aucune d'elles.

La théologie d'accord avec la philosophie nous ensei-
gnent que « Dieu seul peut influencer directement la volonté humaine en elle-même : ni le démon ni les anges ne
le peuvent... (2) A plus forte raison, conclut le P. Coconnier,
ne saurait-il être question pour l'homme, quel qu'il soit,
d'agir directement sur le libre arbitre de l'homme, en quelque état qu'il se trouve (3) ».

C'est absolument vrai. Comment donc se fait-il qu'on y
arrive dans l'hypnose ? C'est que la théologie nous enseigne
également, et l'expérience nous démontre que le démon,
avec la permission de Dieu, peut empêcher l'usage extérieur de la volonté, soit en troublant accidentellement mais
profondément la conscience, soit en s'emparant directement de nos organes qu'il fait agir contre notre volonté.
Là est tout le secret de la possession diabolique. N'est-ce
pas aussi celui de la suggestion hypnotique ?

C'est vous, mon Révérend Père, qui m'avez fourni l'argument.

Concluons donc que si le sommeil, la suggestion, le somnambulisme peuvent être naturels, ce que personne ne
conteste, on doit, lorsqu'ils se compliquent de phénomènes

1. *L'Hypnotisme franc*, p. 195.
2. *Summ. theolog.*, I, q. 106, a. 2.
3. *L'Hypnotisme franc*, p. 258.

inexplicables sans l'intervention d'êtres supérieurs à notre nature, les considérer comme extra-naturels.

Mais alors qui oserait dire que les phénomènes en apparence naturels intimement, nécessairement et indissolublement liés à ces derniers ne viennent pas de la même influence et ne sont pas de même nature ?

Halte-là ! Nous comptions sans les médecins.

VIII

Hypnotisme médical.

« Un médecin, dit Mgr Méric, *endort* un sujet malade et lui suggère pendant le sommeil qu'il sera guéri. *Il fait pénétrer* cette conviction dans le cerveau malade; la conviction détermine une modification nerveuse ou physiologique, une réaction intense et le sujet est guéri : c'est la fin d'un trouble fonctionnel. Faut-il blâmer ce médecin ? Il n'est question ici ni d'occultisme, ni d'évocation, ni de télépathie ou d'action à distance, ni d'apparition ou de magie, nous sommes en présence d'un fait très simple et très facile *à constater* (1). »

Nous voici donc, d'après le docte abbé et ses clients, en présence d'une science nouvelle qui peut rendre de grands services : « Si je suis l'ennemi déclaré de l'hypnotisme extra-médical, dit le Dr Grasset, l'éminent professeur de la Faculté de Médecine de Montpellier, je suis au contraire grand partisan de l'hypnotisme scientifique et médical, *appliqué par les seuls médecins* aux seuls malades qui y consentent et dans le seul but de les soulager et de les guérir (2). »

De son côté, le Dr Bernheim, grand partisan des mêmes idées, paraît même avoir renoncé à l'hypnotisme propre-

1. Mgr Méric, *Revue du monde invisible*, juillet 1898, p. 66.
2. Docteur Grasset, *L'Hypnotisme et les médecins catholiques.*

ment dit et se contente, dit-on, le plus souvent de la suggestion sans sommeil, toujours avec le même succès. Le fait est à vérifier ; mais, fût-il constaté, y aurait-il lieu d'être rassuré ?

La suggestion naturelle, sans sommeil, n'est pas une chose nouvelle. Elle est employée tous les jours par les médecins d'une manière plus ou moins consciente. Que l'on puisse la perfectionner, la rendre plus efficace, je le crois sans peine. Le Dr Bernheim, par l'étude qu'il en a faite, est-il arrivé à des résultats plus étonnants que ses confrères ? Rien de plus naturel.

Ses agissements, tant qu'il s'en tiendra à la règle posée par les théologiens de ne demander à des causes physiques, physiologiques et morales que des effets purement physiques, physiologiques et moraux, sont parfaitement licites, *tant que d'autres effets ne se sont pas montrés*. La guérison de certaines maladies, dans ces conditions, n'a rien qui dépasse les lois naturelles et puisse inquiéter la conscience.

Mais, sans mettre en doute la bonne foi et l'honorabilité du Dr Bernheim, ne doit-on pas craindre qu'un hypnotiseur qui a longuement pratiqué cet art, et en a obtenu, malgré sa réserve, des effets plus que suspects, ne puisse plus se défaire de ses habitudes et n'en conserve quelque chose, même lorsqu'il parait y avoir renoncé ? Il y a un entrainement souvent inconscient pour le magnétiseur aussi bien que pour le magnétisé. La puissance du premier s'accroît par la pratique, comme l'aptitude du second à subir l'influence hypnotique augmente par la répétition des exercices.

C'est ainsi que Donato en était venu à provoquer instantanément, par un seul regard, des phénomènes transcendants dans tout un groupe de sujets pris au hasard, et qui n'avaient jamais subi l'hypnose.

Y a-t-il quelque reste de cette puissance dans les suggestions sans sommeil du Dr Bernheim ? C'est fort à crain-

dre. Un malade vient le trouver et lui raconte sa maladie.
Au milieu de la conversation, le médecin lui dit : Je vais
vous guérir. Levez le bras droit... Vous ne pouvez plus le
baisser. Et le malade s'épuise en efforts superflus ; le bras
levé reste immobile. Trouvez-vous naturel un pareil résultat? Au moins conviendra-t-on qu'il n'est pas ordinaire.

Que penser maintenant de la garantie que nous offre le
vœu quelque peu personnel des nombreux médecins réunis
en un congrès international de l'hypnotisme ?

Ces honorables n'ont pas hésité à *demander aux gouver-
nements* de ne pas laisser cette arme dangereuse, aux
mains des malfaiteurs de toutes sortes et des charlatans
qui pourraient en abuser, et d'en réserver le maniement
aux *seuls médecins.*

Ah ! le bon billet ! O Molière, t'es-tu assez moqué de l'in-
faillible Faculté ! Mais la protection gouvernementale ! Tu n'y
as pas songé.

La science protégée par le garde champêtre sera-t-elle
plus sûre, plus positive, plus naturelle ?

« Depuis quinze ans , écrit un pieux et savant sulpicien,
les savants prennent à tâche *d'écarter le merveilleux*, pour
saisir sur le fait les phénomènes naturels (1). »

Mais c'est là justement le tort qu'ils ont eu et qu'ils ont
encore. Le merveilleux et l'extraordinaire les auraient dû
mettre sur la voie.

Voici d'ailleurs comment le même auteur, M. l'abbé Guibert, décrit le phénomène de la suggestion que les gou-
vernements doivent protéger. « Les paroles de l'hypnotiseur frappent les oreilles de l'hypnotisé, comme les
bruits du dehors frappent les sens de la personne qui
rêve. Les sons perçus par les sens éveillent des formes
sensibles dans l'imagination ; de la sorte l'hynoptisé reçoit
toutes les images que lui suggère son opérateur. Comme

1. Guibert, *Études sur l'Hypnotisme*, p. 5.

il n'est point le maître de son attention, il ne peut la dé-
tourner de ces images, et il prend comme de *vive force*
les convictions que ces images sont aptes à produire. La
conviction commande la volition, et l'hypnotisé en arrive à
ne vouloir et à n'exécuter que ce *qu'on lui commande* (1). »

Dites : ce que lui commande son hypnotiseur seulement.
Pourquoi n'est-il pas maître de son attention pour les autres bruits, les autres commandements?

Personne ne nie « que la parole sensible de l'hypnotiseur
ne soit *apte à pénétrer* jusqu'aux facultés internes du sujet
endormi »; mais pourquoi pas aussi la parole des autres?
et pourquoi cette puissance invincible, inconsciente, aussi
bien pour l'hypnotiseur que pour l'hypnotisé, ne laissant
aucune trace dans la mémoire de ce dernier et le faisant
agir malgré lui avec la conviction de sa spontanéité? Quel
ébahissement pour le commissaire!

Mgr Méric présente le problème sous une autre forme:

« Dans la *suggestion médicale,* dit-il, la seule dont je
veux parler, que fait le malade?

« Il dit au médecin : Aidez-moi à vouloir d'une manière
plus efficace ma guérison; arrêtez mon attention et ma volonté sur le trouble fonctionnel que j'accuse; rendez-moi
capable de l'effort d'esprit qui rétablira la régularité de la
fonction.

« Le médecin en réalité n'impose pas sa volonté, il entre
au contraire dans la manière de voir de son malade; il
l'aide à vouloir plus fortement; il seconde l'action de l'âme
sur l'organe et sur la fonction.

« Ainsi non seulement ce médecin ne s'empare pas de la
volonté de son sujet, mais il s'y conforme et il augmente
sa valeur ou sa potentialité.

» Voilà ce qu'il ne faudrait pas oublier. Jusqu'à ce jour,
on a oublié de considérer la question à ce point de
vue (2). »

1. Guibert, *Études sur l'Hypnotisme,* p. 5.
2. *Revue du monde invisible,* juillet 1898, p. 74-75.

Point de vue nouveau assurément, quoique déjà développé par le P. Coconnier, mais point de vue très contestable et qui dans la pratique est loin d'être toujours exact. Quoi qu'il en soit le très savant auteur poursuit :

« Des milliers de médecins, en Europe, pratiquent l'hypnotisme dans les hôpitaux, quand ils le jugent opportun, nécessaire pour obtenir la guérison ou le soulagement des malades. Plus de trois cents médecins, réunis en congrès, dirigés par des savants qui méritent l'estime universelle, déclarent, après une longue expérience et des observations répétées, que l'hypnotisme est un agent appelé à rendre des services dans la pratique médicale, qu'il exige une grande prudence, et que l'usage en doit être réservé aux médecins.

« Il faut être bien sûr de ne pas se tromper pour oser dire à ces savants qui ont vieilli dans l'étude de ces problèmes de physiologie : Vous faites erreur; vous faites un acte coupable; l'hypnotisme est intrinsèquement mauvais (1). »

Laissons à Dieu le jugement, lui seul connaît le fond des cœurs. Nous ne disons pas à nos confrères : Vous faites un acte coupable; mais vous avouez vous-mêmes que cet acte dans la pratique est très souvent mauvais et dangereux ; nous le voyons parfois s'accompagner de signes surnaturels que nous ne saurions attribuer à l'action divine, et nous craignons, s'il n'est pas en tout et toujours l'œuvre du diable, qu'il ne facilite son intervention. Cela nous suffit pour le condamner pratiquement. En théorie peut-on l'absoudre ? C'est ce que nous allons examiner.

Personne ne niera les dangers de l'hypnose. Les hypnotistes les plus ardents sont les premiers à les reconnaître : « Qui oserait encore soutenir, dit le P. Coconnier, que

1. *Revue du monde invisible*, juillet 1898, p. 74-75.

l'hypnotisme n'est pas malfaisant? IL L'EST. Mais l'est-il par nature. Voilà ce qui est à établir (1) . »

« Je crois, dit le Dr Grasset, que les conséquences désastreuses de l'hypnotisme peuvent être absolument évitées dans l'hypnotisme médical... et je peux dire en toute simplicité que j'ai conscience d'avoir rendu de vrais services à certains malades par ce moyen, sans avoir jamais porté préjudice à aucun (2). »

Une pareille affirmation dans la bouche du Dr Grasset a, certes, une grande valeur. Pour mon compte je n'oserais en dire autant ; mais je ne nierai pas les bienfaits de l'hypnose entre les mains de médecins plus expérimentés et plus prudents que moi.

Les limites qui me sont imposées ne me permettent pas de suivre le P. Coconnier dans les nombreux exemples qu'il cite à ce propos. Quelques-uns, choisis avec soin et admirablement présentés, paraissent des plus concluants.

Les bienfaits médicaux de l'hypnose sont de beaucoup l'argument le plus spécieux qu'on puisse invoquer en sa faveur ; mais, au point de vue de la moralité ou de l'intervention diabolique, que prouvent les plus beaux succès ?

Le diable lui-même, pour mieux tromper, se montre quelquefois bienfaisant. Les sorciers, même sans pacte explicite, guérissent incontestablement, et comme dans l'hypnotisme, par des moyens qui n'ont souvent aucun rapport avec leurs effets.

En somme, vu le nombre des tentatives, les faits favorables sont encore très rares, et les effets pernicieux, dont on parle le moins possible, sont au moins aussi nombreux. Le chapitre des contre-indications est encore à faire. Plusieurs de ces effets admirables ne sont déjà plus recherchés

1. Citation du P. Coconnier, p. 214.
2. *L'Hypnotisme et les médecins catholiques.* Cité par le P. Coconnier, p. 215.

à cause de leur inconstance ou de leurs dangers. Telles sont l'anesthésie dans les opérations chirurgicales et l'amélioration morale des sujets qui est loin de répondre aux espérances qu'on en avait conçues.

Nous allons du reste retrouver les médecins dans le paragraphe suivant, à propos de la moralité de l'hypnose.

IX

Immoralité de l'hypnotisme.

Personne n'a jamais prétendu que l'hypnose tuât ou supprimât radicalement la liberté et la raison, et cependant que d'aliénations mentales et de troubles cérébraux ne pourrait-on pas lui reprocher?

Nous ne suivrons pas le P. Coconnier dans la très intéressante discussion philosophique et théologique qu'il développe à propos de l'hypnose. Contentons-nous de prendre ses conclusions.

Le R. Père nous explique très bien que pour qu'un être ou un acte soit explicitement ou implicitement condamnable, il faut qu'il soit mauvais *en soi* ou qu'il contienne *intrinsèquement* au moins un défaut spécifiquement mauvais. « *Malum provenit etiam ex singulis defectibus* », dit saint Thomas cité par lui (1).

« La tâche qui dès lors s'impose à nous, ajoute le P. Coconnier, est celle d'analyser l'hypnose et de la résoudre en ses éléments essentiels, afin de voir *si quelqu'un d'eux n'est pas en opposition avec la règle morale* (2). »

Il faut lire en entier l'exposé de cette thèse et son application; mais en présence de ces principes, si nous nous

1. *De malo*, q. IV, a. 1 ad 13.
2. *L'Hypnotisme franc*, p. 263.

rappelons la définition de l'hypnose, ses dangers et ses
conséquences possibles, ne vous semble-t-il pas, cher lecteur, que l'hypnose est désormais jugée et condamnée ?

Comment le R. Père va-t-il s'en tirer ? Très simplement, en réduisant l'hypnose à la suggestion verbale, en
confondant la suggestion hypnotique avec la suggestion
naturelle, en faisant du sommeil hypnotique un sommeil
ordinaire, malgré les différences essentielles qui les
séparent et que lui-même nous avait exposées.

Dès lors, « le fait d'adresser la parole à un homme n'est
en soi ni louable, ni blâmable ;... être en état de suggestibilité, c'est être en état de rêver, rien de plus ;... cet état
suppose que l'imagination et l'émotivité sont en éveil ; mais
nullement qu'elles soient surexcitées jusqu'au désordre ;...
suspendre ou permettre qu'on suspende *momentanément*
l'usage de sa raison ainsi que de sa liberté, et soumettre
pendant quelques moments la direction de son activité
psychique à un autre homme, cela n'est pas, en soi, un mal,
parce que *ce n'est pas chose due* à la nature humaine que
toujours et partout la raison et la liberté soient en exercice,
et que *jamais* l'homme n'agisse pendant qu'il est privé de
sa raison et de sa liberté, sous l'inspiration et la direction
librement consentie auparavant de son semblable, — parce
que d'autre part les dangers d'un tel état peuvent être
conjurés (1). »

A toutes ces affirmations nous répondons:

1° La suggestion verbale n'est en soi ni louable ni blâmable. Assurément, tant qu'elle demeure la suggestion
ordinaire, une insinuation quelconque, bonne ou indiffé-
rente, une simple adresse de langage par laquelle on
cherche à faire prévaloir son opinion dans l'esprit des
autres ; mais, lorsqu'avec l'hypnose cette suggestion prend
un caractère d'*invincibilité* presque absolue, même après

1. *L'Hypnotisme franc*, p. 264, 265, 286.

le réveil, d'*amnésie persistante* pour des choses passées avant le sommeil, d'*inconscience* dans la réalisation d'actes suggérés et accomplis en état de veille, en peut-on dire autant ?

2° Vous répudiez la suggestion mentale, vous ne l'admettez pas dans l'hypnotisme franc; mais si elle existe dans l'hypnotisme complet, ce que vous ne pouvez nier, vous aurez beau ne pas la chercher, ne pas l'employer, ne pas la trouver, il n'en faut pas moins l'expliquer et la juger, car *elle ne se produit que dans cet état, elle lui convient par nature*.

3° L'éveil de l'émotivité et de l'imagination ne constitue pas en lui-même un désordre; mais le désordre peut venir des agents provoqués et indispensables pour expliquer la suggestion mentale et d'autres phénomènes qui, pour n'être pas cherchés et demandés, n'en sont pas moins possibles et font partie de l'essence même de l'hypnose.

4° Vous comparez l'hypnose au sommeil causé par l'opium ou le chloroforme. Nulle parité n'existe entre les deux faits. « Le chloroforme et les anesthésiques, substances définies dans leur composition comme dans leurs effets, ont une action physique ou physiologique toujours la même et proportionnelle à la quantité absorbée. L'action de ces remèdes supprime il est vrai la raison et la liberté; mais cette action très fugitive, à moins d'excès toujours coupables, n'altère en rien ces facultés pour l'avenir. Elle endort momentanément la conscience; mais elle met en même temps le sujet dans l'impossibilité d'agir et de commettre malgré lui n'importe quel acte délictueux. En peut-on dire autant de l'hypnotisé?

« L'emploi du chloroforme est légitime en chirurgie parce que le chirurgien qui use du chloroforme n'a qu'un but : épargner au malade une douleur longue ou violente, une émotion qui pourrait compromettre le succès d'une opération. On ne voit pas pourquoi il ne lui serait pas permis d'employer ce calmant *préventif* aussi bien que l'opium ou tout autre médicament dont l'action sédative sur une douleur *actuelle* se traduira de la même manière par le sommeil et l'engourdissement de toutes les facultés. Mais en est-il de même pour un hypnotiseur qui marche à l'aveuglette, avec des procédés dont il ne peut ni connaître, ni prévoir, ni régler les effets souvent pernicieux? (1) »

5° « Mais dites-vous encore, l'hypnose admet de nombreux degrés; M. Bernheim en a distingué neuf (2). » Et vous semblez en inférer que les premiers, différant à peine des phénomènes normaux, il sera toujours possible à l'hypnotiseur de s'en tenir à ces premières phases qui lui suffisent.

Ces prétendus degrés, dont la nomenclature varie avec chaque hypnotiseur, ne constituent nullement une progression fixe et définie qu'on pourrait suivre et limiter à son gré; c'est un simple classement tout artificiel des symptômes par ordre d'importance et de gravité, dont la production, la succession, la marche n'ont rien de régulier, à moins d'entraînement et d'éducation spéciale. Tous ces phénomènes sont de l'essence de l'hypnose, car ils ne se produisent que dans cet état; mais les premiers ne le sont ni plus ni moins que les derniers, ni plus ni moins que les effets transcendants arbitrairement rescindés par vous, pour constituer votre hypnotisme franc, c'est-à-dire tronqué.

6° Est-ce la peine de relever le fait emprunté à M. Bernheim, d'une mère qui trouve son enfant endormi; « elle lui parle, l'enfant répond; elle lui donne à boire, l'enfant boit, mais retombe dans son inertie, et, au réveil, il a tout oublié ».

Peut-on dire que « l'enfant a été en réalité hypnotisé, c'est-à-dire en relation avec sa mère pendant son sommeil? (3) »

1. *Névroses et Possessions*, p. 391.
2. *L'Hypnotisme franc*, p. 276.
3. Bernheim, *De la Suggestion*, p. 220, et Coconnier, *Hypnotisme franc*, p. 279.

En relation normale assurément; mais hypnotisé, non. L'enfant a été incomplètement réveillé. Il se réveillera tout seul, sans nouvelle intervention de la mère.

On finirait vraiment, pour innocenter l'hypnotisme, par le supprimer entièrement. Ce moyen radical ne nous déplairait pas.

7° Mais enfin il y a des médecins, très expérimentés, très habiles, très consciencieux et même des catholiques pratiquants qui se prétendent absolument sûrs de leur fait, qui connaissent très bien les conditions et les circonstances qui rendraient l'hypnose mauvaise. Ils savent les éviter, et, selon le précepte de saint Thomas, à propos des actes indifférents comme serait l'hypnose, ils ne l'emploient jamais que « *quando oportet et ubi oportet et sicut oportet, etc.* (1) » Ils prétendent que les dangers d'un tel état peuvent toujours être conjurés. Ils retirent d'ailleurs de leurs pratiques des avantages incontestables et que probablement on n'aurait jamais obtenus par d'autres moyens.

Il serait regrettable de se priver sans raison des avantages et des bienfaits de l'hypnotisme. Nous croyons très sincères les prétentions et les assertions de nos confrères dont l'honorabilité ne laisse aucun doute ; mais en leur accordant qu'ils ne sortent jamais des règles imposées par la morale, ces conditions serait-elles suffisantes pour innocenter l'usage de l'hypnotisme ?

« N'y a-t-il pas, se demande le P. Coconnier lui-même, dans la manière dont on endort les sujets bien portants, quelque chose d'étrange qui sent l'occultisme, une disproportion plus qu'inquiétante, absolument suspecte, entre les procédés d'hypnotisation mis en œuvre et le sommeil ?

« La seule chose étrange, inquiétante, mais pas suspecte en toute cette affaire, répond le savant Dominicain, c'est la

---

1. *De malo*, q. II, a. 5.

facilité avec laquelle de bons esprits voient ou soupçon-
nent des puissances occultes et au-dessus de la nature là
où tout se passe et arrive de la façon la plus simple et la
moins extraordinaire (1). »

Ceci s'appelle, mon Révérend Père, éluder la question.
Ce n'est point y répondre.

Oui, dans la manière dont on endort les sujets bien portants, il y a quelque chose d'étrange et cette étrangeté va
quelquefois jusqu'à dépasser les forces de la nature.

Sans parler de la suggestion mentale, croyez-vous qu'il
soit naturel d'endormir son semblable d'un seul mot ou
d'un geste, sans qu'il puisse résister, sans qu'il puisse se
réveiller, et que, dans ce sommeil, il perde sa personnalité au point que son corps semble animé par une intelligence étrangère qui meuve ses organes, sans qu'il s'en
doute et malgré lui, qui détermine des actes auxquels il
n'eût jamais pensé et qu'il réprouverait, s'il en avait conscience? Trouvez-vous naturel que les impressions reçues
dans ce sommeil persistent après le réveil, au commandement de l'hypnotiseur, et produisent inconsciemment,
involontairement, des actes irrésistibles absolument contraires aux habitudes et aux convictions du sujet, etc., etc.?

Mais pourquoi s'arrêter à toutes ces vétilles, lorsque l'on
a pour soi les médecins les plus honnêtes, etc.

L'hypnose est invincible, que vous importe, puisque ces
médecins n'en usent jamais avec violence? Ils obéissent
servilement aux ordres du sujet ou condescendent à son
désir; quoi de plus simple et de plus naturel?

« S'il est hypnotisé, c'est qu'il le veut bien et qu'il a
accepté d'avance le rôle qu'on lui fera jouer : il a consenti
ou même prescrit de son propre chef les suggestions qu'on
lui donnera. Dès lors, il ne faut pas dire que l'hypnotisé

1. *L'Hypnotisme franc*, p. 175.

est absolument et quoi qu'il fasse la chose de l'hypnotiseur (1). » En un mot, il n'y a pas accaparement, il y a
donation conditionnelle et momentanée. Et comme garantie des conditions posées, le père, la mère, le conjoint ou
leurs représentants seront toujours présents à cette innocente comédie !

Quant aux troubles persistants de l'intelligence, quant à
ces impulsions suicides qui, au dire de certains hypnotiseurs, suivent si souvent les séances d'hypnotisme, ils ne
les ont jamais personnellement observés. Leur prudence
suffit à les écarter. (Qu'ils nous disent au moins comment!)
Il en est de même de cette attraction passionnelle de
l'hypnotisée pour l'hypnotiseur; elle n'a jamais, dans leurs
expériences, dépassé les limites de la plus juste reconnaissance. Du reste ne voit-on pas des femmes s'amouracher
très librement et sans hypnose de leur notaire, de leur
avocat, de leur coiffeur? Faudra-t-il, pour ce fait, supprimer
ces utiles professionnels? Cette jeune femme hypnotisée
par le Dr Gibert qui « se livrait, en le revoyant, en dehors
de l'hypnose, à une joie folle, sautait sur le canapé,
comme un enfant, frappait des mains, en s'écriant : Ah!
vous voilà !... Vous voilà enfin ! Ah ! comme je suis
contente!... et ne pouvant supporter son départ, le suivait,
au grand scandale de la ville, jusque dans sa nouvelle
résidence, où il s'était transporté... (2). » Cette jeune femme
n'éprouvait-elle pas pour son hypnotiseur une attraction
toute naturelle?
« Cette affection, dit le Dr Grasset, faite de reconnaissance pour le bien ressenti, ne paraît avoir aucun incon-
vénient possible avec un médecin honnête qui connaît les
devoirs de sa dignité personnelle (3). »

1. *L'Hypnotisme. franc*, p. 207.
2. P. Touroude, cité par le P. Coconnier, *L'Hypnotisme franc*, p. 210.
3. *L'Hypnotisme et les médecins catholiques*, cité dans *L'Hypnotisme
franc*, p. 211.

Il est vrai qu'on pourrait répondre que les suggestions
d'un notaire ou d'un avocat sont loin d'avoir l'attrait, la
puissance et l'autorité de celles d'un hypnotiseur, qu'elles
n'ont rien en elles-mêmes qui puisse agir directement sur
la sensibilité d'une cliente, que celle-ci, pour résister à sa
passion, conserve sa conscience, son libre arbitre, sa volonté, tandis que l'hypnotisée subit un entraînement physique et sensuel irrésistiblement causé par son état, que
cette affection insolite, obsédante, presque invincible et
inconsciente n'est pas précisément dans les règles de la
morale, et que généralement la reconnaissance et l'estime
ne se traduisent ni par des cabrioles sur un canapé, ni par
une poursuite scandaleuse à travers les rues ; mais le médecin honnête qui connaît ses devoirs et sa dignité est si
fort et si sûr de lui !... Et puis les avantages !...

Les petits inconvénients qui résultent de ces exception-
nelles (?) impulsions ne sont-ils pas largement compensés
par les avantages incontestables que journellement procure
l'hypnotisme, et que vraisemblablement on n'aurait jamais
obtenus par d'autres moyens ? Les avantages, Monsieur !
— que voulez-vous répondre au : *Sans dot !* d'Harpa-
gon ?

Négligeons donc ce que pourraient penser un mari ou
un confesseur d'une passion de cette nature. Les avantages... avec l'honneur, la dignité, la prudence, la réserve
et toutes les vertus médicales... ! Il n'y a rien à dire.

Jamais vous n'avez vu ces parangons d'honorabilité
hypnotiser quelqu'un malgré lui ; car ils savent que « c'est
un droit à l'homme qu'on ne dispose pas de lui sans sa
volonté ».

Jamais, « pour le même motif », ils n'ont suggéré à
l'homme endormi « des représentations, des émotions ou
des actes qu'il réprouverait étant éveillé ».

Jamais, « dans le but poursuivi, les moyens employés,
les suggestions données, et par n'importe quelle circons-

tance, un précepte quelconque de la loi naturelle, de la loi divine ou ecclésiastique » n'a été violé.

Toujours la personne qui hypnotise s'est présentée avec « une connaissance spéciale suffisante de cette pratique ».

Jamais enfin on n'a laissé un homme « se livrer et s'abandonner sans but défini, sans condition et sans restriction, à un opérateur »; parce que tout le monde sait que « l'homme n'a pas sur lui-même un droit aussi absolu ».

Vous souriez, cher lecteur? Eh bien! vous avez tort; car n'eussiez-vous jamais rencontré un médecin si sage et si prudent, ce qui n'étonnerait personne, il suffit que cet oiseau rare soit possible et qu'on puisse l'imaginer, même en l'absence de toute espèce de réalité actuelle, pour nous permettre d'affirmer qu'en soi l'hypnose n'est pas mauvaise, qu'elle n'est pas immorale par essence et qu'au moins « *quelquefois l'hypnotisme est permis* ».

Le P. Coconnier n'en demande pas davantage.

Il faut convenir qu'il a considérablement réduit ses prétentions, et nous avons peine à reconnaître dans cet hypnotisme *quelquefois permis*, à des conditions si difficiles à réunir et à observer, « une des plus belles acquisitions de la Biologie contemporaine, un des plus riches présents qu'ait fait à l'homme la bonté de Dieu (1). »

Dans son enthousiasme, le R. Père ne marchande aucune concession. Il n'hésite pas à ajouter : « Quand la loi naturelle qui nous dit: Tu ne tueras point, nous dirait aussi : Tu n'hypnotiseras point; tu ne te feras point hypnotiser; il resterait encore à savoir s'il ne peut pas se rencontrer des circonstances où il sera permis d'hypnotiser, comme il s'en présente où il est permis de tuer (2). »

Et l'irréprochable théologien cite des cas où, avec une certaine vraisemblance, on se trouverait dans cette alter-

1. *L'Hypnotisme franc*, p. 242.
2. *Ibid.*, p. 298.

native : « Hypnotisation, ou déshonneur, ou mort très probable (1). »

Dans de telles circonstances et *dans les conditions qu'il suppose remplies*, nous devons avouer qu'il pourrait bien avoir *quelquefois* raison, si...

Il y a un *si*.

Et le R. Père le reconnaît lui-même dans l'entête de son XIe chapitre : *Si l'hypnotisme n'est pas diabolique, il n'est pas immoral.*

Là est toute la question.

X

L'hypnotisme est-il diabolique ?

Nous appelons surnaturel tout fait exceptionnel absolument contraire à quelque loi connue de la nature, toute manifestation portant l'empreinte d'une force hiérarchiquement supérieure à celles dont nous disposons.

Si donc nous pouvons démontrer que l'hypnose porte cette empreinte à la fois dans les circonstances et les conditions qui la déterminent et dans quelques-uns des phénomènes qu'on ne rencontre que dans cet état et qui le caractérisent, nous serons en droit de conclure que cet état est surnaturel.

Or, il est certain que le sommeil et la suggestion, éléments essentiels de l'hypnose, se présentent, dans cet état, avec les caractères d'intensité, d'invincibilité, de permanence tellement en dehors de l'état ordinaire et normal, qu'il paraît difficile, en présence des phénomènes transcendants qui leur sont liés si souvent, de les expliquer, d'une manière générale, sans l'intervention d'une force supérieure à celles que nous possédons.

1. *L'Hypnotisme franc*, p. 3C7.

Quelques individus, malades ou prédisposés, peuvent exceptionnellement entrer en somnambulisme et subir en dormant certaines suggestions toutes naturelles. On peut le croire, puisque le fait s'est présenté parfois spontanément, en l'absence de tout signe certain, capable de faire soupçonner l'intervention d'une force supérieure à notre nature.

Mais si ces suggestions deviennent *invincibles*, comme dans l'hypnose, si elles vont jusqu'à supprimer la mémoire, la conscience, le libre arbitre et la volonté, même après le réveil, ne dépassent-elles pas les facultés de l'homme et ne sont-elles pas absolument contraires aux lois qui régissent ses rapports avec ses semblables?

La sagesse divine et la providence pourraient-elles permettre qu'une telle puissance *soit essentielle à l'homme* et s'exerce *naturellement*? Il n'y aurait alors ni société, ni religion, ni lois, ni répression possibles. Ce serait l'anarchie, le désordre, une lutte sans fin où le plus fort, le plus habile, le plus pervers serait bientôt seul survivant.

Sans entraîner les défenseurs de l'hypnose hors des limites arbitraires qu'ils se sont tracées, je me contenterai d'examiner deux faits admis par le P. Coconnier lui-même et qu'il s'efforce d'expliquer naturellement. Je veux parler de l'hémorragie et de la vésication par suggestion.

Qui pourra jamais dire où s'arrête le pouvoir de l'imagination sur l'organisme? « L'imagination par ses tableaux, dit le P. Coconnier, dilate le cœur et le serre, accélère ses mouvements ou les ralentit, jette le sang au visage ou le refoule à l'intérieur..., provoque la sueur brûlante ou froide, fait blanchir les cheveux en une nuit, cause ou guérit des maladies très réelles, arrête ou stimule l'action des nerfs, enfin, par la rupture violente des vaisseaux sanguins dans les régions cardiaques ou cérébrales, amène une crise fatale ou tue à l'instant même..., elle rend malades les hypocon-

driaques, ingambes les goutteux, guérit avec l'eau claire ou
la mie de pain, etc... et elle ne pourrait pas, supposé que
son activité soit dirigée dans ce sens, produire des hémorragies et des exsudations à la surface du corps! (1) »

Eh bien! non, mon Révérend Père, elle ne le pourrait pas.
— Pourquoi? — Parce qu'elle ne l'a jamais fait en dehors
de l'hypnose, de la possession diabolique, du miracle ou de
la maladie, et que, dans les cas que vous invoquez, la maladie, seule cause certainement naturelle, est toujours absente.

Tout le monde connaît et comprend les exemples que
vous citez. On s'explique, à la suite d'une émotion, la rupture
des vaisseaux dans les parenchymes ou dans les muqueuses
où ils sont à peine défendus, surtout si quelque altération
préalable les a rendus moins élastiques, moins résistants;
mais l'action de l'imagination dans ces phénomènes est très
indirecte, elle n'est pas cherchée, elle surprend, elle est
plutôt l'occasion que la cause.

Racontez donc au premier venu qu' « en dirigeant l'activité de votre imagination » sur votre indicateur, vous le
ferez suinter, saigner ou se couvrir d'une phlictène; qu'en
ordonnant à l'un de vos semblables de saigner du nez ou du
bras à heure fixe, il vous obéira ponctuellement. Je ne doute
pas que l'éclat de rire de votre interlocuteur n'entraîne
aussi le vôtre. — Vous savez bien que pareille chose est
impossible et que votre pouvoir naturel ne pourrait aller
jusque-là. Le consentement unanime de tous les hommes,
fondé sur l'expérience de tous les temps et de tous les lieux,
est là pour le prouver.

Les pathologistes vous diront, avec le Dr Imbert-Gourbeyre, que « dans le monde pathologique, il n'y a que
deux ou trois maladies où l'on voit se produire les hémorragies de la peau : l'hémophylie, l'hématidrose et la dévia-
tion des menstrues, trois entités morbides excessivement

_____
1. *L'Hypnotisme franc*, p. 399.

rares. » Et dans ces maladies si rares, l'hémorragie cutanée, où l'imagination n'est pour rien, est-elle même si exceptionnelle que le même auteur n'hésite pas à dire : « Nous sommes ici en présence de raretés pathologiques que les médecins ne connaissent guère que de nom, et qui n'ont été observées que par quelques privilégiés... Autant sont fréquentes les hémorragies internes, autant sont rares les hémorragies spontanées de la peau (1). »

Et les physiologistes vous diront que « l'homme en pleine santé, l'homme physiologique ne perd son sang par aucune voie... Il n'y a que l'homme malade ou blessé qui puisse en perdre... Toute l'observation s'élève contre la thèse de l'imagination hémorragigène (2) ».

Parmi les raisons apportées par le Dr Imbert-Gourbeyre, cueillons d'abord « une preuve historique considérable... C'est le silence de la stigmatisation pendant les douze premiers siècles de notre ère. Si pendant cette longue période, l'imagination n'a pas fait de stigmates, c'est qu'elle était radicalement impuissante à faire sortir la moindre goutte de sang à la peau ; et cependant quelle époque fut jamais plus favorable à la stigmatisation que les premiers temps du christianisme ? Et quand, au xiiie siècle, ont surgi les stigmatisations divines, forcément l'imagination n'y a été pour rien. Comment aurait-elle fait dans les six derniers siècles ce qu'elle n'avait pu faire durant les premiers ? Et c'est justement ce silence de douze cents ans qui met la stigmatisation divine à l'abri des attaques des libres-penseurs (3) ». Nous ajoutons : et qui ne permet pas d'attribuer aux stigmates hypnotiques une cause naturelle.

Mais ce n'est pas tout, les physiciens eux-mêmes viennent contredire la thèse du célèbre Dominicain. Laissons encore la parole au Dr Imbert-Gourbeyre :

1. Imbert-Gourbeyre, *Univers*, 8 juin 1898.
2. *Ibid.*
3. *Ibid.*

« Non seulement le pouvoir hémorragique de l'imagination n'existe pas, mais physiologiquement il n'est pas même possible...

« On a pu calculer mathématiquement la tension du sang, c'est-à-dire la force dépensée par le cœur pour pousser le sang dans le torrent de la circulation : elle a été fixée à 19 centimètres au maximum. Or le Dr Bouchard a démontré qu'il fallait une tension de 78 centimètres pour que les parois des capillaires de la peau se rompissent, donnant passage au sang; et comme l'imagination ne peut agir sur la masse sanguine que par l'intermédiaire du cœur, celui-ci étant impuissant à faire sortir le sang par la peau dans les hémorragies spontanées, l'imagination est fatalement condamnée à la même impuissance. C'est en partant de ces données sur la tension du sang que le grand biologiste Virchow a pu dire, en plein congrès de Breslau, que les stigmates de Louise Lateau *étaient une supercherie ou un miracle* (1) ».

Que penser de ceux de l'épileptique de la Rochelle?

On ne peut les nier, pas plus que les hémorragies à commandement de l'hystérique de Toulouse racontées dans le *Languedoc médical* du 11 décembre 1891, et celles d'une fillette de seize ans, rapportées dans les *Annales de la Société de médecine de la Loire,* en 1890.

Avec le Dr Imbert-Gourbeyre nous dirons que « ces exsudations sanguines, fruit de l'imagination hypnotisée (?), sont tout ce que l'hypnotisme a produit de plus étonnant en cette fin de siècle ».

Mais sont-elles aussi naturelles que le P. Coconnier le prétend?

Il donne comme analogue le fait d'une mère qui, voyant son enfant près d'être guillotiné par la chute d'un rideau de cheminée, sentit au cou une telle douleur qu'un cercle

---

1. Imbert-Gourbeyre, *Univers,* 8 juin 1898.

rouge s'y forma et dura plusieurs heures. Il cite encore l'ecchymose produite instantanément aux malléoles d'une autre mère dont le fils allait avoir le pied écrasé par une porte de fer.

Ces faits s'expliquent par le trouble produit dans les vaso-moteurs, sous le coup d'une émotion dont le simple narré provoque chez l'auditeur lui-même, un malaise local qui peut aller jusqu'à la douleur; mais il y a loin de ces lésions, si rares qu'on n'en citerait peut-être pas un troisième exemple, avec le fait d'un homme faisant tranquillement, d'un mot, couler à heure fixe le sang de son semblable, sans qu'il y pense, sans qu'il s'en aperçoive.

Il n'y a pas de suggestion qui tienne, le Dr Imbert-Gourbeyre vient de nous démontrer l'impossibilité matérielle d'un semblable prodige.

Mais les *sueurs de sang*?

Le P. Coconnier n'hésite pas à citer comme exemple l'hématidrose du Christ au Jardin des Oliviers, et il y joint cinq faits *basés sur des on-dit* et rapportés par dom Calmet, sans autres détails, pour justifier son opinion, contraire à celle de presque tous les théologiens, que la sueur sanglante de l'agonie du Christ était naturelle. C'est ce que le R. Père appelle « une riche collection de faits », les seuls, au dire du Dr Imbert-Gourbeyre, fort compétent dans la matière, que possède la science.

On trouvera sans doute le bilan assez maigre et de peu de valeur. Ce n'est qu'au figuré que nous sommes capables de *suer sang et eau*.

Et la *dermographie*? Les savants désignent ainsi des rougeurs ou un érythème fugace qui se produisent sur la peau à la suite de pressions ou de frictions légères.

Est-ce que l'imagination entre pour quelque chose dans ce phénomène connu? A-t-il jamais été, en dehors de l'hypnose, jusqu'à l'exsudation sanguine?

Et cependant le Dr Beaunis affirme qu' « il suffit de regarder avec attention une partie de son corps, d'y penser fortement pendant quelque temps, pour y éprouver des sensations indéfinissables, des picotements, des ardeurs, des battements... » Il ne dit pas qu'il l'ait jamais vu saigner.

Cependant, il ne faut pas défier les... savants. Ces prodiges de patience, de persévérance, d'attention et de volonté ne seraient-ils pas, par hasard, de la famille des gnostiques qui trouvaient la lumière en fixant leur nombril?

La plaisanterie est plus sérieuse qu'elle ne paraît. Ces effets bizarres, dangereux, inutiles, ou même bienfaisants, sont tous dans les moyens du diable, j'allais dire dans ses habitudes ; car il y montre assez souvent sa griffe ou son esprit pour qu'on ne puisse douter de sa présence. Quelle bonne aubaine pour lui, s'il pouvait faire douter des stigmates divins!

Est-ce encore lui que nous allons trouver dans la vésication hypnotique?

On sait que ce phénomène étudié avec soin par M. Focachon, pharmacien à Charmes, consiste à appliquer sur une partie du corps un faux vésicatoire, un timbre-poste, par exemple, en suggérant, pendant l'hypnose, que cet emplâtre devra produire l'effet d'un vrai vésicatoire, le soulèvement de l'épiderme et la suppuration. On réveille le sujet qui ne se souvient de rien, et, quelques heures après, on constate l'effet suggéré.

Voici l'explication que donne de ce fait le P. de Bonniot :
« Les nerfs d'une même région ont des rôles divers ; les uns se rapportent à la vie organique, les autres à la vie animale ; ceux-ci sont accompagnés de sensations conscientes, quand ils agissent ; l'exercice de ceux-là reste sourd et inconscient. Mais il existe entre eux une telle harmonie, une telle sympathie, que le jeu des uns provoque le jeu des

autres, et réciproquement... On sait que les effets du vésicatoire ont pour cause immédiate les nerfs vaso-moteurs
qui président aux capillaires de la région où le vésicatoire
est appliqué, que cette opération est accompagnée d'un picotement *sui generis* dont les nerfs sensibles de la même
région sont le siège ou le véhicule. On conçoit, après cela,
qu'un picotement semblable, vivement reproduit par le souvenir d'un hypnotique, mette en jeu les vaso-moteurs,
comme ils l'ont été avec une sensation semblable. L'effet
du vésicatoire s'en suivra naturellement (1) ».

C'est conclure un peu vite, et le R. Père oublie d'expliquer la contre-partie de l'expérience : Un vrai vésicatoire est appliqué, et l'on suggère que ce nouvel emplâtre
est absolument inoffensif et ne doit amener aucune douleur,
aucune lésion. Effectivement aucun effet ne se produit.

Que l'imagination puisse agir sur les nerfs de la vie animale et déterminer des sensations conscientes, le fait est
incontestable ; que, par sympathie, ces sensations puissent
mettre en jeu l'activité inconsciente des nerfs de la vie organique, c'est encore une hypothèse acceptable et justifiée
par certains faits ; mais que cet effet se produise justement
en l'absence de tout souvenir, de toute préoccupation, de
tout acte conscient de l'imagination, par le seul fait d'une
impression suggestive laissée dans les organes, on comprend moins facilement le « picotement vivement reproduit par un souvenir » *qui n'existe pas* et l' « effet du vésicatoire » *absent* qui doit « suivre naturellement ». Il y a
dans les termes une opposition qui déroute le penseur.

Mais ce qu'il ne comprendra jamais, c'est que l'imagination puisse naturellement agir sur un corps étranger, lui
enlever ses qualités chimiques, supprimer ses affinités ou
suspendre au moins son action sur les autres corps, faire,
en un mot, qu'un vésicatoire appliqué dans les conditions

---

1. D. Bonniot, *Le Miracle et ses contrefaçons*, p. 273.

où il doit agir, où il agit toujours, où il ne peut pas ne pas agir, reste inoffensif.

Là est le surnaturel aussi patent, aussi certain, quoique sur un théâtre plus restreint, que dans les chaudières de poix bouillantes où restaient indemnes et chantaient les martyrs.

Est-il besoin d'ajouter que ces merveilles de l'hypnose si souvent ridicules, grossières, inutiles, contraires à la morale et à la religion, ne sauraient être attribuées à Dieu ni à ses anges. Si donc il faut admettre une action supérieure à notre nature, c'est au singe de Dieu, à son ennemi, au diable, qu'il faut en rapporter la cause.

Mais enfin, les bienfaits de l'hypnose et de la suggestion? Faudra-t-il donc y renoncer? Que vont penser tant de médecins honnêtes, etc., qui, de la meilleure foi du monde, avec les intentions les plus pures, guérissent des maladies désespérées, devant lesquelles échoueraient peut-être toutes les autres médications? Que diront surtout les malades?

Nous avons dit plus haut ce que nous pensions de la suggestion naturelle. Que le sommeil augmente son pouvoir, on peut le croire... Et cependant ce procédé semble déjà sortir des pratiques usuelles et normales ; on n'endort pas généralement ceux que l'on veut convaincre. Demandez aux prédicateurs.

Le somnambulisme lui-même, au premier abord, peut être naturel, comme le pensent la plupart des médecins et des théologiens qui se sont occupés de la question ; mais lorsque s'y mêlent si nombreux, si prompts et si manifestes, des effets, non seulement opposés à l'ordre ordinaire, mais inexplicables, sans l'intervention de forces supérieures et diaboliques, peut-on douter que cet état, s'il n'est pas provoqué par les démons, ne favorise leur action? Peut-on le rechercher, le provoquer et s'en servir? Nous ne le pensons pas et le P. Coconnier lui-même sera de notre avis. Chercher, dans le seul but d'innocenter quelques phénomènes de plus, des explications plus ou moins scientifiques de faits au moins suspects, n'est-ce pas se forger à plaisir les plus dangereuses illusions ?

Quiconque est tant soit peu au courant des mœurs diaboliques, et a pu expérimenter la ténacité, la finesse, l'hypocrisie, les ruses des démons, l'art vraiment infernal qu'ils mettent à profiter de la moindre faute, de l'occasion ou de l'avance la plus insignifiante et en apparence la plus innocente, ne manquera pas de se tenir grandement sur ses gardes.

Le grand tort de la plupart des auteurs qui abordent ces questions, c'est de ne pas avoir assez étudié les possessions diaboliques. Ils y auraient trouvé de précieux renseignements et seraient moins pressés de qualifier d'indifférentes des pratiques si dangereuses et de conclure si bravement que l'*hypnotisme franc* n'est pas diabolique. S'il ne l'est pas toujours, il le devient si facilement qu'en bonne morale on ne saurait pas plus l'innocenter que le magnétisme et le spiritisme avec lesquels, dans la pratique, on le voit si souvent confondu.

Ce serait le moment d'aborder un autre phénomène, admis par tous les hypnotistes, quoique diversement interprété par eux. Il s'agit de la *Condition double* ou *multiple* si souvent rencontrée dans l'hypnotisme et de prétendues névroses.

Préoccupé de répondre à certains philosophes qui voudraient voir dans cet état la preuve de l'existence d'une personnalité ou d'une conscience multiple dans chaque individu, le R. P. Roure s'est dernièrement efforcé de montrer l'unité de la personne humaine et de la conscience jusque dans ces faits d'automatisme apparent et varié que procure l'hypnose. On peut dire qu'il y a complètement réussi (1).

Il existe cependant une forme de ce phénomène que le R. Père passe sous silence et dont l'existence est admise par tous les théologiens, c'est justement la possession diabolique et toutes ses variétés.

Dans ce type se manifeste habituellement, non pas une double conscience, une double personne dans le composé humain (celui-ci reste toujours le même et conserve son unité), mais on y constate accidentellement un corps simultanément ou successivement animé par deux ou plusieurs intelligences distinctes qui donnent aux spectateurs l'apparence d'un même individu pourvu de plusieurs âmes indépendantes.

Il est regrettable que le P. Roure n'ait pas cru devoir aborder cette face de la question avec la compétence qu'on lui connaît. Il y aurait certainement trouvé la solution de plus d'un problème embarrassant.

Au lieu de chercher des explications plus ou moins spécieuses, si les hypnotistes avaient étudié sérieusement ces manifestations d'un esprit étranger, dans les faits où il se révèle avec les signes certains de sa présence, peut-être, en les trouvant si constamment mêlés aux phénomènes qui les embarrassent, hésiteraient-ils moins à reconnaitre la nature de ces derniers.

Ce n'est pas dans les formes bénignes ou incomplètes des maladies qu'il faut chercher leurs caractères pathognomoniques; on ne les trouve dans toute leur force et dans leur ensemble complet que dans les formes graves. Commencez donc par étudier celles-ci, et je ne doute pas que vous n'arriviez bientôt à cette conclusion que l'hypnotisme envisagé d'*une manière générale* est certainement diabolique.

1. *Études*, 5 avril, 20 mai, 5 juin 1898.

Pourrez-vous dire alors qu'*en lui-même* il n'est pas *dangereux, immoral* et *mauvais*?

Mais enfin, n'allons-nous pas trop loin. Le très savant Dominicain n'est pas le seul à permettre ou du moins à tolérer l'hypnotisme médical, mais à quelles conditions? Elles sont indiquées dans la décision de la Chancellerie du Saint-Office, du 4 août 1856.

« *En écartant toute erreur, tout sortilège, toute invocation implicite ou explicite du démon*, l'usage du magnétisme, c'est-à-dire le simple acte d'employer des moyens physiques, *non interdits d'ailleurs*, n'est pas moralement défendu, *pourvu que ce ne soit pas dans un but illicite ou mauvais* en quoi que ce soit.

« Quant à l'*application de principes et de moyens purement physiques à des choses ou à des effets vraiment surnaturels*, pour les expliquer physiquement, ce n'est qu'une *illusion tout à fait condamnable et une pratique hérétique*. »

L'abbé Méric et le P. Coconnier pensent-ils que « les milliers de médecins qui, en Europe, pratiquent l'hypnotisme dans les hôpitaux, quand ils le jugent opportun », remplissent sérieusement ces conditions? Et peut-on dire que, dans le fait d'endormir ou de suggestionner verbalement un individu, au point de lui faire perdre l'usage de sa mémoire, de son intelligence, de son libre arbitre, de sa volonté, en donnant à son imagination une puissance telle qu'elle produit des effets certainement au-dessus de ses forces naturelles, on n'applique pas « des moyens purement physiques à des choses ou à des effets vraiment surnaturels » ?

Qu'importent alors les explications et les hypothèses plus ou moins naturelles de phénomènes isolés?

Prouver qu'un fait peut s'expliquer naturellement, ce n'est pas prouver qu'il ne puisse être l'effet d'une cause

surnaturelle. Nul n'a jamais nié le rôle de la nature dans
l'hypnose; mais, lorsqu'on veut chercher la cause et l'origine d'un être ou d'un état particulier, n'est-il pas souverainement logique de les attribuer à la cause qui rendra
compte de toutes leurs propriétés? A quoi bon s'arrêter
aux causes secondaires qui pourraient expliquer tel fait ou
tel symptôme, mais seraient incapables de donner la raison
de l'ensemble?

CONCLUSION

I. Le sommeil et la suggestion hypnotiques ne peuvent
être considérés comme des états *normaux*, car : 1° l'expérience démontre que tous les individus de l'espèce humaine
ne sont pas capables de les provoquer ou de les subir;
2° les causes qui les produisent et les conditions dans lesquelles ils se montrent sont très différentes de celles qui
accompagnent le sommeil et la suggestion ordinaires;
3° leurs effets sont encore plus distincts ; nous l'avons démontré, je crois, suffisamment.

II. Le sommeil et la suggestion hypnotiques ne sont pas
naturels : 1° parce que, pris dans leur ensemble, les phénomènes qu'ils produisent sont inexplicables sans l'intervention d'une force supérieure à notre nature; 2° parce
que le caractère d'invincibilité qui les accompagne, s'il
était essentiel à l'homme, répugnerait à la sagesse et à la
providence de Dieu, bouleverserait l'ordre social et pourrait supprimer toute responsabilité personnelle dans les
actes humains.

III. Pour les mêmes raisons, le sommeil et la suggestion
hypnotiques, en ce qu'ils ont de surnaturel, ne sauraient
être attribués à l'action directe de Dieu ou de ses anges.
Les effets, souvent inutiles, grotesques, dangereux, immo-

raux et impies qu'ils produisent n'accusent que trop l'intervention d'êtres *mauvais*. Et ceux-ci se révèlent par des signes certains, bien difficiles à séparer des phénomènes douteux que l'on voudrait innocenter.

IV. Dès lors, n'est-il pas permis d'affirmer que les bienfaits eux-mêmes de l'hypnose, obtenus par « des pratiques purement physiques », incapables d'expliquer leurs « effets surnaturels », ne peuvent être que *dangereux, immoraux, mauvais* et *condamnables*, « entachés qu'ils sont d'illusions coupables et d'hérésie ».

V. Cependant, jusqu'ici, l'Église ne paraît pas avoir absolument interdit l'usage de l'hypnotisme; elle le tolère, dans des conditions qui ne paraissent guère avoir été réalisées par les hypnotiseurs, et qui, dans la pratique, sont bien près de réduire cette permission à l'usage du sommeil et de la suggestion ordinaires, c'est-à-dire incapables de réaliser les merveilles qu'on leur demande.

Le sage s'abstiendra.

IMPRIMATUR

Ch. Hélot.

23 octobre 1898.

TABLE DES MATIÈRES

Paris. — J. Mersch, imp., 4bis, Av. de Châtillon.

www.ingramcontent.com/pod-product-compliance
Lightning Source LLC
Chambersburg PA
CBHW070938280326
41934CB00009B/1924